新丝路华文系列教材编委会

总 主 编：郭 熙 邵 宜

编 审：童盛强 蔡 丽 喻 江 文 雁 林奕高

编委会委员：郭 熙 邵 宜 曾毅平 莫海斌 张 礼 杨万兵

新丝路华文系列教材

总主编 郭熙 邵宜

华文教育
Chinese Education

暨南大学华文学院精品教材

初级华文

主编 李敏

编者 李敏 黄方方 王文龙

第六册

暨南大学出版社
JINAN UNIVERSITY PRESS

中国·广州

图书在版编目（CIP）数据

初级华文．第六册/郭熙，邵宜总主编．—广州：暨南大学出版社，2018.6
（新丝路华文系列教材）
ISBN 978 - 7 - 5668 - 2340 - 3

Ⅰ.①初…　　Ⅱ.①郭…②邵…　　Ⅲ.①汉语—对外汉语教学—教材　　Ⅳ.①H195.4

中国版本图书馆 CIP 数据核字（2018）第 046977 号

初级华文（第六册）
CHUJI HUAWEN（DILIUCE）
总主编：郭　熙　邵　宜

出 版 人：徐义雄
项目统筹：晏礼庆
策划编辑：杜小陆
责任编辑：胡艳晴
责任校对：周海燕
责任印制：汤慧君　周一丹

出版发行：暨南大学出版社（510630）
电　　话：总编室（8620）85221601
　　　　　营销部（8620）85225284　85228291　85228292（邮购）
传　　真：（8620）85221583（办公室）　　85223774（营销部）
网　　址：http://www.jnupress.com
排　　版：广州市天河星辰文化发展部照排中心
印　　刷：深圳市新联美术印刷有限公司
开　　本：889mm×1194mm　1/16
印　　张：9.25
字　　数：140 千
版　　次：2018 年 6 月第 1 版
印　　次：2018 年 6 月第 1 次
定　　价：46.00 元

《初级华文》（第五至六册）编写说明

　　《初级华文》是为来中国学习的华裔留学生编写的初级华文综合课主干教材。教材突出"华文"特色，一方面让华裔学生传承优秀的中华文化，另一方面为其展示中国当代国情和社会生活状况，使其感受现代中国的风土人情和文化发展。

　　《初级华文》共六册。其中第五至六册以"话题—文化—功能—语法"为纲，话题的选择主要围绕中华文化，同时注重语言技能的训练，作为初级和中级之间的过渡和衔接，起到承上启下的桥梁作用。

一、编写原则

1. 针对性

　　教材的内容选取充分考虑华裔学生的特点和需求，追求高效率的语言学习，体现华人学华文的特点。不依赖媒介语进行教学，生词不采用英文注释。

2. 科学性

　　教材语料真实、规范，根据华文语言规律和语言习得规律及难易度编排教学内容和语言点。教材中的核心字词要求认写，非核心字词要求认读。

3. 实用性

　　教材内容紧扣学生的学习生活、家庭生活、社交以及未来可能从事的社会活动和工作，听说读写并重，真实口语与书面表达并重。

4. 趣味性

　　教材力求做到课文内容生动有趣，练习设计形式多样，富有趣味性，强化学生的学习动机。

二、教材体例

《初级华文》第五至六册各9课，建议教学时间分别为一个学期（16个教学周，每周不少于10学时）。

第五至六册主教材每课均包含课前热身、开心词典、主课文（课文）、副课文（阅读课文、会话课文）、能说会用、你知道吗、经典诵读八个板块，课后有配套练习。各板块的编写理念与特点如下：

课前热身　采用图文并茂的方式呈现。以导入教学内容、激发学生兴趣为目的，注重趣味性和切入点的针对性。

开心词典　生词包括核心词和非核心词两大类，核心词是要求学生会认、会读、会写、会用的词，非核心词只要求学生会认、会读。开心词典所列均为主课文和副课文中的重点核心词。课文中标红色的词语为用法较简单的核心词；非核心词用蓝色标示于课文中，随文释义。开心词典词条后标注拼音、词性、简单中文释义。例句或短语搭配另起一行用楷体，展示词语的用法。

主课文　主课文采用右侧旁注的形式。旁注的内容主要为：重点句式、文化注解、非核心词的释义。

副课文　第五至六册每课除主课文外，还有一篇对话体课文及一篇阅读课文。对话体课文针对本课所设定的功能项目，阅读课文注重趣味性和实用性。

能说会用　针对课文中的功能项目，给出语境或指定任务，组织学生完成对话交际练习。通过系统有步骤的训练，强化学生的口语交际能力。

你知道吗　对课文中所涉及的文化点进行介绍或阐释。引导学生了解中华文化，增强对中华文化的认同感。

经典诵读　诵读内容包括诗词佳句、经典名言、俗语谚语等，让学生感受汉语的音律之美，增强学生的语感和学习兴趣。

练习　每课练习包括4～5种常用题型，另外根据各课内容设计数种特色题型，内容涵盖语言要素及语言技能训练。既可供教师课堂上使用，也可供学习者课外选做。

希望本套教材能充分激发华裔学生学习华文的潜力，提高华裔学生语言学习的效率。教材编写乃系统工程，在编写过程中难免存在疏漏之处，欢迎各位教材使用者提出宝贵建议！

《初级华文》教材编写组

2018 年 1 月 19 日

目录

第一单元

悟文化言

第一课
汉字之美

课前热身

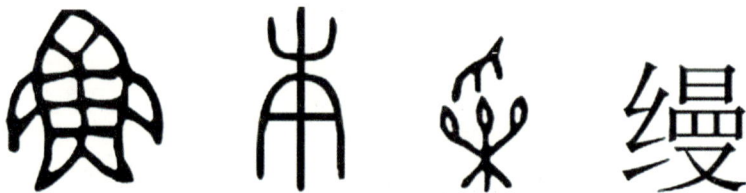

1. 你能猜出图片上是什么字吗？
2. 你认为汉字是怎么造出来的？

开心词典

交换[1]　　jiāohuàn　　　　动词

例：交换意见　交换想法
我们在圣诞节晚会上互相交换了礼物。

有关[2]　　yǒuguān　　　　动词

例：有关学校的情况　与……有关
这件事情与小李有关，他一定知道。

教导[3]　　jiàodǎo　　　　动词

例：教导孩子　耐心教导
老师教导我们要好好学习，天天向上。

拆[4]　　　chāi　　　　　　动词

例：拆信　拆开　拆了一个小时
　　空调过滤网脏了，需要拆下来洗一下。

谨慎[5]　　jǐnshèn　　　　　形容词

例：做事谨慎　谨慎选择　更加谨慎
　　这件事情非常重要，你们一定要谨慎。

解放[6]　　jiěfàng　　　　　动词

例：解放思想　解放双手
　　高考结束了，同学们都觉得解放了。

惊异[7]　　jīngyì　　　　　形容词

例：惊异的眼光　令人惊异　感到惊异
　　一个外国人汉语说得这么好，我觉得很惊异。

降低[8]　　jiàngdī　　　　　动词

例：降低要求　降低标准　价格降低　效率降低
　　今天非常冷，气温一下子降低了10℃。

严肃[9]　　yánsù　　　　　形容词

例：严肃处理　严肃对待
　　这是一件很严肃的事情，我不是跟你开玩笑。

组合[10]　　zǔhé　　　　　动词

例：自由组合　重新组合　组合起来　由……组合而成

属于[11]　　shǔyú　　　　　动词

例：每个人都想有一套属于自己的房子。
　　成功属于那些有准备的人。

冰冷[12]　　bīnglěng　　　　形容词

例：手脚冰冷　冰冷的河水　身体冻得冰冷
　　如果长时间坐在冰冷的地上，会很容易生病的。

【反】温暖　wēnnuǎn

坚硬[13]　　jiānyìng　　　　形容词

例：坚硬的石头　坚硬的地面

【反】柔软　róuruǎn

柔软[14]　　　　róuruǎn　　　　　　　形容词

例：身体柔软　柔软的料子　变得柔软
早晨躺在柔软的床上，真不想起来。

对立[15]　　　　duìlì　　　　　　　　动词

例：彼此对立　对立起来
家庭和工作是互相对立的关系吗？

片刻[16]　　　　piànkè　　　　　　　名词

例：休息片刻　片刻不停　片刻间
我马上就下来，请你稍等片刻。

启发[17]　　　　qǐfā　　　　　　　　动词

例：启发观众　深受启发
上课时教师可以通过提问启发学生。

创建[18]　　　　chuàngjiàn　　　　　动词

例：创建网站　创建学校　努力创建
为了方便大家联系，我们创建了一个微信群。

举办[19]　　　　jǔbàn　　　　　　　动词

例：举办晚会　举办运动会　共同举办
新年快要到了，各地举办了丰富多彩的活动迎接新年。

刺激[20]　　　　cìjī　　　　　　　　动词

例：刺激眼睛　刺激大脑　突然地刺激
年轻人比较喜欢刺激的游戏。

修改[21]　　　　xiūgǎi　　　　　　　动词

例：修改计划　直接修改　修改一遍
你的银行卡密码太简单了，要修改一下。

维护[22]　　　　wéihù　　　　　　　动词

例：维护网站　尽量维护　维护下去
维护人民的安全是警察的工作。

辅导[23]　　　　fǔdǎo　　　　　　　动词

例：辅导学生　课外辅导　辅导了一个小时
　　我想参加汉语水平考试，你能帮我辅导一下吗？

维持[24]　　　wéichí　　　　　动词

　　例：维持生活　维持秩序　维持下去
　　　　医生想了各种办法来维持患者的生命。

支持[25]　　　zhīchí　　　　　动词

　　例：支持政府　获得支持　全力支持
　　　　爸爸非常支持我毕业后继续读研的想法。

快捷[26]　　　kuàijié　　　　　形容词

　　例：动作快捷　快捷酒店　快捷方式
　　　　乘坐高铁出行，既快捷又安全。

广泛[27]　　　guǎngfàn　　　　形容词

　　例：内容广泛　应用广泛　爱好广泛

课文

中国字，太棒了

一天，留学生德林 **捧**（Dé lín pěng）着一本《现代 汉语词典》（Xiàndài Hàn yǔ Cí diǎn）**兴 冲 冲**（xìng chōng chōng）找到我，像发现新大陆似的对我说："你注意过'钱'和'情'这两个字吗？我有一个发现。"

"你发现了什么?!"

"你先看，然后咱们**交换**[1] **看法**（kàn·fǎ）。"

我翻看的结果是："情"，"忄"字边儿，与人的**心理有关**[2]（xīn lǐ）；"钱"，"金"字边儿，与**金属**（jīn shǔ）有关。

"你就发现这些？"德林听了我的解释有些失望。接着，他像老师教学生那样**教导**[3]我："你们中国人，

★新大陆：比喻重大的新发现。

★似的
像……似的
跟……似的
她的脸红得像苹果似的。

gǎnqíng
感情就是丰富，光和'忄'有关的字，就有两百多个。有些字拆⁴开看，特有意思！"

"比如'慎'，心里认真一点，就谨慎⁵了；心里一解放⁶，不认真了，不就变成松懈的'懈'了！"

"再比如……"

我惊异⁷地望着德林——在他面前，作为中国人，我有点儿惭愧！

德林又降低⁸声音问我：

mén·dao
"关于'钱'，你看出什么门道了？"

"门道？！"

"是的，门道！"

zhèngzhòng
严肃⁹认真的德林对"钱"作了郑重的解释：

jiān
"钱"是"金"和"戋"的组合¹⁰。"戋"，字典解释

xì wēi　　　　　　　　shǎo liàng
为"少、细微"。从字义来看，钱，就是少量的金属。

接着，德林又笑了："'钱'，属于¹¹金属世界，冰冷¹²，坚硬¹³；'情'，属于心的世界，火热，柔软¹⁴。

shēngmìng
'钱'，是无生命的，'情'，是有生命的。可如果把这两个字拆开再组合到一起，字典里就没有这个字！'钅'旁里，找不到'心'字！——世界就是这样对立¹⁵！"

chénmò
沉默片刻¹⁶，德林把那本字典抱在心口上："汉字给了我这么大启发¹⁷！中国字，太棒了！"

（根据陈怡君《中国字，太棒了》改写）

★比如……再比如
不同的颜色有不同的意义，比如红色代表热情，再比如绿色代表活力。

★门道：做事的门路或方法。

★从……来看
从性格来看，哥哥更受欢迎。

★沉默：不说话。

美国"汉字叔叔"的中国梦

"汉字叔叔"是个美国人，但他在中国更出名。他创建[18]了一个汉字网站，在上面可以搜到几乎每一个汉字的演变（yǎnbiàn）过程：甲骨文（jiǎ gǔ wén）、金文（jīn wén）、小篆（xiǎo zhuàn）、繁体字（fán tǐ zì）、简体字（jiǎn tǐ zì）。他也因此被大家称为"汉字叔叔"。

★演变：发展变化（时间较久的）。

斯睿德是"汉字叔叔"的中文名，他很喜欢这个名字，因为它寓意"又聪明又有品德（pǐn dé）"。

斯睿德是个中国文化迷，在美国田纳西（Tián nà xī）的老家，他每年都会参加当地庆祝春节的活动。他的书房里甚至还贴着春联（chūnlián）。

2012 年 2 月，斯睿德到天津（Tiān jīn）来参加电视台举办[19]的"中国因你更美丽"颁奖典礼（bān//jiǎng diǎn lǐ），但来到中国后，他突然不想走了。"在中国生活的感觉很好，这是个不一样的地方，而且讲中文会刺激[20]我的头脑，我需要锻炼我的头脑。"

★因……更……
世界因你更精彩。

斯睿德在天津的生活非常简单，除去（chú qù）睡觉，他每天花三分之一的时间在网上，对自己的网站进行简单的修改[21]与维护[22]，偶尔上上微博和"脸书"。另外，他还给三个中学生辅导[23]英语，以维持[24]生计。

★……分之……
我们班学生中有四分之一是女生。

★以：表示目的。
你要多与中国人交流，以提高你的汉语水平。

维护网站和旅行花掉了他大部分积蓄（jǐ xù）。两个月前，

zū jīn

他从原来住的地方搬了出来，因为租金太贵了。他现在的卧室里只有两件家具：一张桌子，一张床。桌上放着一台很大的笔记本电脑，还有一些纸张、书本。

★杂乱：多而乱。

zá luàn   bǎifàng

行李箱和衣服就杂乱地摆放在窗台上。

20年来，母亲是斯睿德身边唯一支持[25]他做网站的人。对于他在中国的生活，93岁的母亲有些担心，经常提醒他，让他"记住自己是美国公民"。

"我想成为中国公民。"斯睿德对母亲说，"我想住在中国。"

（根据《美国"汉字叔叔"的中国梦》改写）

会话课文

文字刻在哪里？

王佳丽：周老师，听说_____并把字刻在龟壳上，是真的吗？

周老师：是的。那是甲骨文，主要是用来占卜的。

王佳丽：那样写字多累啊，肯定又慢又费劲。

周老师：古人也觉得这样很辛苦，所以后来又发明了金文。_____

bènzhòng

王佳丽：啊？如果要拿起来读多笨重、多麻烦啊。

周老师：是啊。_____不过，竹片也很重，一本书可能需要一辆牛车来拉。成语"学富五车"就是指人知识

xué · wen

多、学问大。

王佳丽：哈哈，我觉得老师您就是学富五车。

周老师：不错嘛，现学现用。

王佳丽：说到书，那我们现在书本所用的纸又是怎么来的呢？

周老师：东汉有个名叫蔡伦的人发明 _(fā míng)_ 了纸。从那个时候开始，书写就变得方便、快捷²⁶多了。

王佳丽：这个蔡伦太了不起了！我们都得感谢他。没有他，就没有我们手中的书啊。

周老师：嗯，_____除了蔡伦，我们还要感谢毕昇。

王佳丽：毕昇是谁？为什么要感谢他？

周老师：毕昇是宋朝人，他发明了活字印刷术。有了活字印刷术，书本才开始广泛²⁷使用。

王佳丽：哦，我想起来了，活字印刷术还是中国古代四大发明之一呢。

周老师：看来你知道的不少嘛。

王佳丽：原来书写汉字的工具是在不停变化的。

周老师：是啊，现在电子书也出现了。这些变化体现了人类的智慧 _(zhì huì)_。同时，文字和书，又使得 _(shǐ·de)_ 这些智慧能够代代相传，直到永远。

看下面的句子，可以填在哪个合适的地方？

1. 你知道吗？
2. 所谓金文是指刻在青铜器上的文字。
3. 后来古人就把字刻在竹片上，也就是后来的竹简。
4. 古代人用刀子写字，

能说会用

功能1：引入

说到/说起……

例句：说到小张，你听说他结婚了吗？

我想起来了……

例句：我想起来了，上次你做的菜很好吃，什么时候教我一下。

你知道吗？

例句：你知道吗？他已经学会了 2 000 多个汉字了。

功能 2：解释

……就叫作……

例句：不能坚持学习，常常中断，就叫作"三天打鱼，两天晒网"。

所谓……是指……

例句：所谓"十一黄金周"，是指中国国庆节期间的七天长假。

也就是说……

例句："一日之计在于晨"，也就说早晨是一天中非常重要的时刻。

☞请分别使用表示"引入"和表示"解释"的语言功能项目，进行下面的讨论。

问题：（1）汉字是怎么来的？甲骨文、活字印刷术是什么？

（2）你们国家的文字是怎么来的？

你知道吗

最初的汉字是人们根据生活中事物的样子创造出来的，如"山"就是照着山的样子画下来的，"日"就是按照太阳的样子画出来的，这叫象形字。当没有或不方便使用具体形象画出来时，就用一种抽象的符号来表示，这就是指事字。如"上""下"两个字是用横线"一"为界，在横线上用一短线，表示"上"；在横线下画一点，表示"下"。会意字，是用两个或几个字组成一个字，把这几个字的意义合成一个意义。如"休"，"人"和"木"合在一起，一个人靠着树，表示休息；"森"，就是三个"木"合在一起，表示树木很多。形声字是由"形"和"声"两部分组成的：形旁表示形声字的意义是属于哪一类的；声旁表示这个形声字该怎么读。如"湖"，"氵"表示这个字跟水有关，"胡"表示读音；"梅"，"木"表示这个字跟树木有关，"每"表示读音。

经典诵读

Wú shēng yě yǒu yá ér zhī yě wú yá
吾　生　也　有　涯，而　知　也　无　涯。

——庄子《庄子·内篇》

练习

一、熟读下列词组

心理问题	牺牲生命	沉默不语
思想品德	发明创造	集体智慧
精神松懈	郑重说明	细微变化
演变过程	颁奖仪式	毕生积蓄
摆放家具	有色金属	毕业典礼

二、请在括号里填上合适的词语，使之词意完整

交换（　　　）	拆（　　　）	解放（　　　）
有关（　　　）	（　　　）谨慎	（　　　）组合
教导（　　　）	降低（　　　）	少量（　　　）
启发（　　　）	创建（　　　）	举办（　　　）
修改（　　　）	维护（　　　）	支持（　　　）

三、写出下列词语的反义词

有关_____　　　　拆_____　　　　少量_____

降低_____　　　　冰冷_____　　　　支持_____

四、选词填空

支持　广泛　对立　教导　谨慎　严肃　降低　举办　柔软　片刻

1. 他的兴趣很_____，游泳、武术、跳舞、书法都很喜欢。

2. 老师对我的_____我会永远记在心里。

3. 他是一个很_____的人，很少看到他笑。

4. 我们全班人都_____他当我们的班长。

5. 夜晚开车时一定要特别小心_____。

6. 法国把教师的退休年龄_____到 55 岁。

7. 我们躺在_____的草地上，一起看夜空中的星星。

8. 孩子累了，我们坐下来休息_____吧。

9. 我们不能把工作和学习_____起来看。

10. 每年毕业时，学校都要_____毕业晚会。

五、用指定词语完成句子

1. 我的论文题目确定了，我要去图书馆_____。（有关）

2. 中国的父母非常重视孩子的教育_____。（辅导）

3. 每年开学初，学校_____。（举办）

4. 我喜欢看成龙的电影，_____。（比如）

5. 其实他才是哥哥_____。（从……来看）

6. 妈妈每个月给我 1 000 块钱，_____。（三分之一）

7. 他拿出 100 万元，_____。（以）

8. 她对我非常好，_____。（似的）

9. 你自己不能拿去_____。（属于）

10. 在雪地里走了两个小时，_____。（冰冷）

六、用下列词语回答问题

1. 你为什么选择乘坐地铁？

_____。（快捷）

2. 他们在干什么？

_____。（拆）

3. 你怎么还不作决定，考虑那么多干什么？

_____。（谨慎）

4. 你的爸爸是一个什么样的人？

_____。（严肃）

5. 你们的班主任对你们怎么样？

_____。（似的）

6. 你为什么不吃这些菜？

_____。（刺激）

7. 老师叫你去办公室干什么？

_____。（修改）

8. 你为什么搬家？

_____。（租金）

9. 我想给宝宝买一件衣服，你觉得这件怎么样？

_____。（柔软）

10. 你去过他的房间吗，怎么样？

_____。（杂乱）

七、根据课文内容判断下列句子对错

1. 留学生德林捧着一本《现代汉语字典》找到我。　　（　　）
2. 德林说汉字中光和"忄"有关的字就有三百多个。　　（　　）
3. 作为中国人，在德林面前，我有点儿惭愧。　　（　　）
4. 德林认为"钱"是有生命的，"情"是无生命的。　　（　　）
5. 汉字给了德林很大的启发。　　（　　）

八、根据课文内容回答下列问题

1. 我对"钱"和"情"的发现是什么？

2. 听了我的解释后，德林感觉怎么样？为什么？

3. 德林是怎么解释"慎"和"懈"的？

4. 德林是怎么解释"钱"和"情"的？

5. 通过"钱"和"情"两个汉字，德林得到了什么启发？

九、想一想，谈一谈

1. 想一下汉字还有什么特点，你有什么发现？

2. 你们国家的文字有什么特点或者有什么有趣的地方？

十、读一读，演一演

比说反义词

甲：听说你最近在研究汉字？

乙：是啊，有这么一回事。

甲：有什么收获吗？

乙：收获可大了。我现在正在研究反义词组成的词语。

甲：噢，说来听听。

乙：比如，你家中用来关灯的叫什么啊？

甲：开关啊，怎么了？

乙：对啊，开和关不是一组反义词吗？

甲：你这样一说，还真是这样的。

乙：开就是打开，关就是关闭，这个词很形象吧。

甲：是啊，还有吗？

乙：这样的词语还有很多。

甲：再举几个例子。

乙：比如别的学校都去旅游了，怎么我们学校还没有动静啊？

甲：旅游学生最感兴趣了，没动静肯定着急啊？

乙：你就想着玩。我问你这个句子里有这样的反义词吗？

甲：有啊，是动静嘛。

乙：还算聪明。

甲：听你这么一说，我也能说几个。

乙：（惊讶）是吗？你也有研究？

甲：算不上研究，只是知道一些。

乙：说几个来听听。

甲：比如多少、进出、老少、忘记。

乙：停……停。

甲：我还知道很多啊，怎么不让我说了？

乙：既然你知道这么多，那我们来比一下，怎么样？

甲：好啊。

乙：我有一个条件：谁输了，谁就要学狗叫。

甲：呵呵，还不一定谁是小狗呢。

乙：好，一言为定。你先说吧。

甲：来去！

乙：前后！

甲：来往！

乙：左右！

甲：来回！

乙：你怎么老是这几个"来"啊？

甲：怎么？我说的不对吗？

乙：错是不错，但是你也不能老说"来"啊。

甲：你又没规定不可以。

乙：算了，不跟你比了。

甲：不说，那就学狗叫啊。

乙：（很不愿意地）汪汪……

甲：真是一只可爱的狗啊。

十一、请猜猜下面的字谜是什么字

一加一

八十八

上下难分

久雷不雨

自言自语

第二课
熟语串烧

课前热身

1. 你知道上面两幅图的含义吗？
2. 你能从课文中找出图上所说的这两个成语吗？

开心词典

疲倦[1]　　pí juàn　　　　　　　　形容词

　　例：满脸疲倦　身体疲倦
　　　　她工作努力，好像不知疲倦似的。

见识[2]　　jiàn·shi　　　　　　　　名词

　　例：长见识　见识广/浅

反映[3]　　fǎnyìng　　　　　　　　动词

例：反映意见　反映问题

这部电影反映了现代大学生的生活。

自身[4]　zìshēn　　　　名词

例：自身条件　自身能力　自身原因

到国外旅游如何维护自身安全？

思考[5]　sīkǎo　　　　动词

例：独立思考　思考问题

他思考了半天，终于弄明白了这件事情。

后退[6]　hòutuì　　　　动词

例：公共汽车开过来时，站在前面的人赶紧后退。

我们不能遇到困难就后退。

【反】前进　qiánjìn

资格[7]　zīgé　　　　名词

例：取得……资格　取消资格　不够资格

只有小组前三名，才有资格进入决赛。

程度[8]　chéngdù　　　　名词

例：最大程度　严重程度

她的美已经到了无法形容的程度。

深厚[9]　shēnhòu　　　　形容词

例：感情深厚　深厚的友谊

他对自己的母校有着深厚的感情。

固定[10]　gùdìng　　　　动词

例：固定电话　固定收入

很多公司都有自己的固定顾客。

具有[11]　jùyǒu　　　　动词

例：具有信心　具有……意义

新年晚会上，同学们都穿上了具有自己民族风格的衣服。

生动[12]　shēngdòng　　　　形容词

例：生动的语言　生动形象地讲解

　　　　　　张老师讲课时，经常举一些生动的例子来让我们明白。

隐藏[13]　　　yǐncáng　　　　　　动词

　　例：据说这幅名画里还隐藏着另外一幅画。

　　　　她心里隐藏着很多秘密，不愿意让别人知道。

劝告[14]　　　quàngào　　　　　　动词、名词

　　例：医生劝告患者要少喝酒。

　　　　他们听从了我的劝告，改变了原来的计划。

强烈[15]　　　qiángliè　　　　　　形容词

　　例：强烈的阳光　强烈的责任心　强烈地反对

色彩[16]　　　sècǎi　　　　　　　名词

　　例：鲜艳的色彩　色彩单一

　　　　中国菜不但味道好，而且色彩也很吸引人。

正式[17]　　　zhèngshì　　　　　　形容词

　　例：正式场合　正式比赛　正式邀请

　　　　他要去参加一个面试，所以穿得很正式。

分清[18]　　　fēn//qīng　　　　　　动词

　　例：分清是非　分清真假

　　　　你已经长大了，应该能分清什么是好的，什么是不好的。

对象[19]　　　duìxiàng　　　　　　名词

　　例：调查对象　合作对象　找对象

现象[20]　　　xiànxiàng　　　　　　名词

　　例：自然现象　社会现象　一种现象

当作[21]　　　dàngzuò　　　　　　动词

　　例：把……当作　被当作

　　　　我把广州当作我的第二故乡。

积累[22]　　　jīlěi　　　　　　　动词

　　例：积累知识　慢慢积累　积累起来

　　　　知识都是一点儿一点儿积累起来的。

课文

从"井底之蛙"说成语

一口<ruby>井<rt>jǐng</rt></ruby>里住着一只青蛙。有一天，青蛙在井底遇上了一只从海里来的龟。

青蛙对海龟说："你看，我住在这里多快乐！高兴了，就在井边跳一会儿；<ruby>疲倦<rt></rt></ruby>[1]了，就回井里睡一会儿。我是这口井的主人，自由自在，你为什么不到井里来玩儿呢？"

海龟听了青蛙的话，很想进去看看，但是井太小了。它就问青蛙："你看过海吗？海特别大，也特别深，住在那样的大海里，才是真的快乐呢！"

青蛙不相信，海龟就带它来到了海边。在广阔的大海面前，青蛙<ruby>瞪<rt>dèng</rt></ruby>大眼睛，一句话也说不出来。

为什么青蛙说不出话了？这是因为青蛙<ruby>居住<rt>jū zhù</rt></ruby>在井底，只能看见井口的一片天，根本不了解井外有多么大的世界。成语"井底之蛙"就是<ruby>形容<rt>xíngróng</rt></ruby>见识[2]少、知识面不宽的人。在我们的生活中有<ruby>各种各样<rt>gè zhǒng- gè yàng</rt></ruby>的人，这在成语中也有反映[3]，比如<ruby>固执<rt>gù·zhi</rt></ruby>于自己的意见不知变化的"<ruby>刻舟求剑<rt>kè zhōu- qiú jiàn</rt></ruby>"之人，再比如<ruby>卖弄<rt>mài·nong</rt></ruby>聪明却把事情弄<ruby>砸<rt>zá</rt></ruby>的"<ruby>画蛇添足<rt>huàshé-tiān zú</rt></ruby>"之人等。

还有一些成语，讲的是非常神奇的故事，告诉我

★固执：不轻易改变自己的认识。

★砸：指失败。

们通过努力可以改变世界。例如，"精卫填海""愚公移山""夸父逐日"等。小鸟精卫能填平大海吗？叫愚公的老人能移走大山吗？夸父能追上太阳吗？读了这些成语故事，你会找到属于自己的答案。

除了对人类自身[4]的思考[5]，很多成语还反映了人们对于社会和人生的看法，举例来说，"塞翁失马，焉知非福"——丢了马，说不定还是好事呢；"五十步笑百步"——作战时后退[6]了五十步的人有什么资格[7]讥笑后退了一百步的人，其实他们在性质上是一样的，只不过程度[8]不同而已。

成语是中华民族智慧的活化石，认识它们，了解它们，就能感受到中华文化丰富的内容和深厚[9]的底蕴。

★对于

你对于这件事情有什么意见？

★说不定：表示可能性很大。

不要等他了，说不定他已经去了。

★而已

我们只是认识而已，不算很熟。

★活化石：有很长历史的事物。

比如，大熊猫是动物中的活化石。

阅读课文

铁公鸡不是公鸡

一次，老师在课堂上对大家说："你们以后如果成功了，要做个有爱心的人，不要做铁公鸡。"一个同学反问："老师，我们怎么会成为公鸡呢？我们是人！"大家都笑了。

"铁公鸡"不是"公鸡"，"老狐狸"也不是"狐狸"！

★铁公鸡：比喻非常小气的人。

★老狐狸：比喻非常狡猾的人。

★开夜车：为了工作或学习的需要而熬夜，连夜加班。

★权势：权力和势力。

★民以食为天：人民把粮食当作生活中最重要的东西。

★走后门儿：通过不正当的方法达到目的。

★背黑锅：在不知情的情况下代人受委屈。

★笑面虎：表面看起来很好，背地里很凶的人。

在学习华文的时候，常会遇到"拍马屁""开夜车"之类的词语。这些词语大多比较固定[10]，具有[11]特定（tè dìng）的意义，被称为"惯用语"。惯用语是人们在劳动生活中创造出来的，非常生动[12]有趣。但是，它的意义不能简单地从字面（zì miàn）上去理解，而要看隐藏[13]在背后（bèihòu）的意思。例如，"拍马屁"是指对有权势（quánshì）的人说好听的话，而并非真的去拍马的屁股。

中国有句话叫"民以食为天"，"吃"在人们的生活中具有非常重要的位置，所以在汉语中与"吃"有关的惯用语很多，而且也很有趣。比如：胆子（dǎn·zi）特别大叫"吃豹子胆"，考试得零分叫"吃鸭蛋"，没事找事叫"吃饱撑的"，受到照顾叫"吃小灶"，花积蓄叫"吃老本"，靠女人生活叫"吃软饭"，遇到难事叫"吃苦头"，被拒绝叫"吃闭门羹"，不听劝告[14]叫"软硬不吃"等。

惯用语具有强烈[15]的感情色彩[16]，我们在使用时，一定要注意。惯用语简单、有趣，一般用在口语中，如走后门儿、背黑锅等，在正式[17]场合不能用。惯用语大多具有贬义（biǎn yì）色彩，使用时要分清[18]对象[19]，如"笑面虎""老狐狸"等，不能随便乱用。

惯用语不只是汉语特有（tè yǒu）的现象[20]，很多语言中都有，想一想，你们的母语中有哪些惯用语？

歇后语知多少

王佳丽：周老师，什么是歇后语，你能讲讲吗？

周老师：好啊。＿＿＿＿＿＿＿＿＿＿猪 八戒 照 镜子——里外不是人！

王佳丽：猪八戒照镜子？为什么是猪八戒照镜子？

周老师：猪八戒捡到一 面 镜子，非常高兴地照了起来。可是他从镜子里看到的是一个鼻子朝天、大耳朵的丑八怪。他很生气，就将镜子砸碎了。

王佳丽：哦，原来有这样的故事。那它是什么意思呢？

周老师：你觉得呢？

王佳丽：嗯，我想一下。噢……我明白了。猪八戒照镜子，镜子里面是猪，镜子外面还是猪，都不是人，所以是"里外不是人"，对吗？

周老师：对。"里外不是人"的意思是说你在两边都没有被当作[21]好人，他们都认为你做得不对。"猪八戒照镜子"是比喻，就好像谜语中的谜面；"里外不是人"才是重点。

王佳丽：《西游记》中除了猪八戒，我最喜欢孙悟空了，因为他最厉害了，只要用眼睛一看就知道谁是妖怪了。

周老师：所以啊，有句歇后语就叫"孙悟空的眼睛——火眼金睛"。

王佳丽：哈哈，我觉得老师像孙悟空一样也是火眼金睛。

周老师：＿＿＿＿＿＿＿＿＿＿＿

王佳丽：因为考试的时候大家都不敢 作 弊（zuò// bì），老师一眼就能看出来。

周老师：＿＿＿＿＿＿＿＿＿＿＿＿

王佳丽：歇后语真是太有趣儿了，还很有智慧。是谁创造了歇后语呢？

周老师：＿＿＿＿＿＿＿＿＿＿＿＿都是劳动人民在 长 期（cháng qī）的生活中创造、积累²²起来的，是很多人的智慧！

王佳丽：谢谢周老师，我今天了解了很多歇后语的知识。

看下面的句子，可以填在上文哪个合适的地方？

1. 惯用语也好，歇后语也好，

2. 哈哈！你举的例子非常好。

3. 先给你举个歇后语的例子：

4. 为什么这样说？

能说会用

功能1：举例

如/比如/例如

例句：汉语中有很多成语是关于动物的，如羊入虎口，比喻很危险。

举例来说吧

例句：中国人送礼有很多讲究，举例来说吧，朋友之间不能送伞，因为"伞"和"散"读音相似。

比如像/比方说/比如说

例句：中国人对有些数字很喜欢，比如说8，因为跟"发"读音相似，所以中国人的房间号、手机号等都喜欢带8。

功能2：罗列

……之类的

例句：中国人过年时讲究吉利，所以不能说"死""杀"之类的话。

……等

例句：来中国之后，我认识了很多国家的朋友，像泰国人、印度尼西亚人、菲律宾人等。

名词/动词＋啦/呀

例句：北京好玩的地方很多，故宫啦，长城啦，圆明园啦，都可以去看一看。

☞请分别使用表示"举例"和表示"罗列"的语言功能项目，进行下面的讨论。

问题：（1）你们国家过年或过节有讲究吗？有什么讲究？

　　　（2）你们国家对数字有讲究吗？有什么讲究？

你知道吗

成语是中国文化的一大特色，含义丰富，非常简短。成语主要有以下几个来源：一是来自古代神话寓言。中国古代的很多神话传说、寓言故事含义很深，很有教育意义，往往被总结为成语。例如愚公移山、守株待兔等。二是来自历史事件。中国古代有许多著名的历史故事和历史事件，后人把它们总结成四个字的成语。例如负荆请罪、三顾茅庐等。三是来自诗文语句。例如水落石出、一毛不拔等。四是来自群众的口语。这类成语绝大部分是人民群众创造的，例如大海捞针、一干二净等。

经典诵读

Lù màn màn qí xiū yuǎn xī　wú jiāng shàng xià ér qiú suǒ

路 漫 漫 其 修 远 兮，吾 将 上 下 而 求 索。

——屈原《离骚》

练习

一、熟读下列词组

居住条件	无法形容	一面镜子
工作重点	并肩作战	讥笑别人
特定场合	胆子很大	含有贬义
特有的风格	考试作弊	照镜子

二、请在括号里填上合适的词语，使之词意完整

见识（　　　）	另外（　　　）	思考（　　　）
（　　　）对象	（　　　）程度	（　　　）色彩
深厚（　　　）	固定（　　　）	强烈（　　　）
正式（　　　）	积累（　　　）	分清（　　　）
（　　　）重点	（　　　）现象	生动（　　　）

三、选词填空

> 疲倦　思考　资格　深厚　当作　具有　见识　劝告　强烈　正式

1. 走了两个小时的路，我觉得很_____。

2. 我和他之间有着_____的感情，谁也破坏不了。

3. 由于他旷课太多，所以没有_____申请奖学金。

4. 我们要教会孩子的是如何主动_____问题，而不是完全靠老师。

5. 他虽然年龄很小，但_____很广。

6. 他不听我的_____，结果真的出事了。

7. 现在的手机_____多种功能，能打电话、发短信，还能上网、玩游戏。

8. 她唱得太好了，大家_____要求她再唱一首。

9. 我已经长大了，别再把我_____小孩了。

10. 这次只是小测验，还不算_____考试，你别那么紧张。

四、用指定词语完成句子

1. 他今天没来上课，_____。（说不定）

2. 因为他太年轻，_____。（资格）

3. 我们俩认识已经有十几年了，_____。（深厚）

4. 你不要着急，_____。（积累）

5. 班主任对我们非常好，_____。（当作）

6. _____，一定要坚持自己的计划。（劝告）

7. _____，有的可爱，有的活泼。（各种各样）

8. _____，你不要当作真的。（而已）

9. _____，你不能只想着赚钱。（重点）

10. _____，我没有任何意见。（对于）

五、把下列词语按正确的顺序排成句子

1. 好像　他　不　疲倦　知道　似的

　_____

2. 出去　可以　长　旅游　很　见识　多

　_____

3. 他　几　步　跟　我　保持　距离　的

　_____

4. 大家　程度　无法　高兴　的　形容

　_____

5. 公司　你们　有　办公　时间　固定　的　吗

　_____

6. 问题　这　个　具有　的　重要　意义　研究

　_____

7. 村民　反对　强烈　修建　在　附近　机场　的　计划

_____

8. 我　女朋友　把　介绍　正式　给　妈妈

_____

9. 目前　重点　怎么样　解决　环境　工作　问题　是

_____

10. 他　申请　没有　奖学金　的　资格

_____

六、根据课文内容判断下列句子对错

1. 青蛙对它的生活不满意。　　　　　　　　　　　　　（　　）
2. 海龟带青蛙来到了大海边。　　　　　　　　　　　　（　　）
3. "塞翁失马，焉知非福"的意思是丢了马不用伤心，因为这是好事。
　　　　　　　　　　　　　　　　　　　　　　　　　（　　）
4. "五十步笑百步"的意思是跑了五十步的人不应该讥笑跑了一百步的人，他们其实是一样的。　　　　　　　　　　　　　　　　（　　）
5. 通过成语我们可以了解中华文化的丰富和深厚。　　　（　　）

七、根据课文内容回答下列问题

1. 青蛙对它目前的生活满足吗？为什么？
2. 青蛙为什么在看到大海之后一句话也说不出来？
3. 井底之蛙的意思是什么？
4. "精卫填海""愚公移山""夸父逐日"这些成语的共同点是什么？
5. 哪些成语反映了人们对于社会和人生的看法？除了课文中的成语外，你还知道哪些成语？

八、想一想，写一写

请发挥想象力，改写或续写"井底之蛙"这个故事。

九、玩一玩，说一说

上课时同学们依次数数，遇到与四有关的数字时，要说"过"。如果说错了，就罚说一个与数字有关的成语、惯用语或俗语，如一心一意、一场空、一口吃个胖子等。

十、找一找，讲一讲

全班同学分成两大组，一组每个同学找一个中国的成语故事，另一组每个同学找一个自己国家的成语或俗语故事，下节课时讲给大家听，看谁讲得好。

第三课
华语生活

课前热身

1. 你知道"混血儿"的意思吗？你觉得"混血儿"在跟人交往时会碰到哪些问题？

2. 你在使用汉语时遇到过哪些有趣的事情？

开心词典

最初[1]	zuìchū	名词

例：我最初认识他是在上中学的时候。

【反】最终 zuìzhōng

说法[2]	shuō·fǎ	名词

例："妻子"一词在汉语中有很多种说法。

大家都同意他的这种说法。

类似[3]	lèisì	动词

例：颜色类似　类似的想法

我们希望类似的情况以后不要再出现了。

自豪[4]　　zìháo　　　　形容词

例：看到国旗升起来时，我们为自己的祖国而感到自豪。

同样[5]　　tóngyàng　　　形容词

例：同样的问题　同样重要　同样对待

他说汉语和英语同样流利。

其中[6]　　qízhōng　　　　名词

例：今年公司一共进了 7 个人，其中 3 个来自北京。

番[7]　　fān　　　量词

例：三番五次　客气一番　翻了一番

虚伪[8]　　xūwěi　　　　　形容词

例：虚伪的话　显得虚伪　虚伪地笑

这个人太虚伪了。

着想[9]　　zhuóxiǎng　　　动词

例：为……着想　替……着想

他事事都替别人着想，真是个好人。

为难[10]　　wéinán　　　　形容词

例：为难的事　让人为难

要在这么短的时间完成这么多的任务，他有点儿为难。

做法[11]　　zuò·fǎ　　　　名词

例：同一道菜，不同的地方有不同的做法。

朋友有困难你却不帮，这种做法可不对。

的确[12]　　díquè　　　　副词

例：北京烤鸭的确好吃。

他的确是这样说的。

返回[13]　　fǎnhuí　　　　动词

例：开学前，同学们已经按时返回学校了。

万万[14]　　wànwàn　　　副词

例：我万万没有想到他竟然会骗我。

尴尬[15]　gāngà　　　　　　形容词

例：他觉得答应也不好，不答应也不好，实在尴尬。

当他发现认错人时，觉得很尴尬。

正常[16]　zhèngcháng　　　　形容词

例：精神正常　正常进行　恢复正常

在正常情况下，这里的公交车是5分钟一趟。

【反】反常　fǎncháng

可笑[17]　kěxiào　　　　　　形容词

例：可笑的事　觉得可笑

他讲的笑话，一点儿也不可笑。

烦恼[18]　fánnǎo　　　　　　形容词

例：儿子不爱学习，妈妈心里一直很烦恼。

他最近好像有什么烦恼。

骄傲[19]　jiāo'ào　　　　　　形容词

例：老师为有这样优秀的学生而感到骄傲。

糟糕[20]　zāogāo　　　　　　形容词

例：真糟糕，我把钥匙落在宿舍，进不去了。

这么糟糕的天气，飞机能起飞吗？

沿[21]　yán　　　　　　　　介词

例：沿海　沿着街道

他们经常沿着湖边散步。

不知不觉[22]　bùzhī – bùjué

例：大家在一起玩得很开心，不知不觉就到中午了。

吸收[23]　xīshōu　　　　　　动词

例：他之所以瘦，原因是肠胃的消化、吸收功能不好。

怎样看书才能更快吸收知识呢？

接受[24]　jiēshòu　　　　　　动词

例：接受礼物　接受教育　接受任务　接受邀请

她拒绝接受我们提出的建议。

【反】拒绝　jùjué

工夫[25]　　gōng·fu　　　　名词

例：不一会儿工夫，他就把自行车修好了。

明天就要考试了，我现在没工夫跟你聊天。

热烈[26]　　rèliè　　　　　　形容词

例：热烈讨论　热烈欢迎　热烈的掌声

平时[27]　　píngshí　　　　　名词

例：她平时住在学校，周末才回家。

后悔[28]　　hòuhuǐ　　　　　动词

例：他后悔没有听从老人的劝告。

课文

我是"一半儿一半儿人"

各位老师、同学：

大家好！我叫索菲娅·潘（Suǒ fēi yà Pān），是一名中德混血儿。今天我演讲的题目（tí mù）是"我是'一半儿（yī bàn）一半儿人'"。

最初[1]来中国时，我很小，汉语水平也不好。走在街上，很多中国人问我："小朋友，你是哪国人？""混血儿"这个说法[2]对于那时年幼的我来说实在是太难了，我不知怎么回答才好。直到有一天，我的伯母（bó mǔ）教了我一句话："我是'一半儿一半儿人'。"从此，再遇到类似[3]的问题时，这就成了我最为自豪[4]的回答。

每次来中国，人们一看我的脸就会说："眼睛那么大，鼻子那么高——她是个'老外'。"因此很多中

★ 不知（道）……才好

他帮了我这么多，我不知怎么感谢他才好。

我朋友失恋了，我不知道怎么安慰他才好。

★即使……也……

即使明天下雨，我们也要继续工作。

即使遇到再多困难，我也不会放弃。

国人从一开始就只跟我说英语，即使在我用特别流利的汉语回答后，他们也还是继续说英语。我在德国也会遇到同样[5]的问题。每次刚认识一个人没多久，他肯定会问："你是个亚洲人，对吗？"这就是我：对亚洲人来说，我不像亚洲人；对欧洲（Ōuzhōu）人来说，我不像欧洲人。

这是我在外貌（wàimào）上的"一半儿一半儿"，更重要的是我的内在（nèizài）。举个例子：我们几个好朋友，其中[6]一个人问大家有没有空，想请吃饭。如果是德国人，一般会这样反应："我们去干吗？还有谁去？去哪儿？几点？"得到所有回答后，还要先思考一番[7]，然后才说去不去。而中国人呢？常常是说："可以，没问题！我一定来！"但其实他心里可能在想："我已经有别的约会了，去不了，怎么办呢？"这倒不是虚伪[8]，而是中国人总是先替别人着想[9]，不想让对方为难[10]。作为一个"一半儿一半儿人"，我的做法[11]是：先问清楚时间，然后再说去不去。

★好在

他受伤了，好在不严重。

我忘了带钥匙，好在室友带了。

★不然

快跑，不然你要迟到了。

多穿些衣服，不然的话，你会生病的。

大家一般都认为，欧洲人比亚洲人直接得多。的确[12]是这样，但有一点中国人比欧洲人要直接：身材。每次返回[13]中国，都会听到："索菲娅你是不是变胖了？"好在我是"一半儿一半儿人"，已经习惯了，就会微笑着说："对，在德国吃得太多了！"但是假如你遇到一个欧洲人，万万[14]不要这么说，不然就会很尴尬[15]。在亚洲说这样的话很正常[16]，表示的是一种关心，但是在欧洲却是一种特别没礼貌（lǐmào）的行为。

你们看，这就是一个"一半儿一半儿人"会遇到的事情，有时很可笑[17]，有时很烦恼[18]。但是我非常骄傲[19]，我是一个"一半儿一半儿人"。

（根据索菲娅·潘《我是一半儿一半儿人》改写）

阅读课文

上学路、放学路

儿子不会法语，要上语言班，学校离家将近 3 公里，怎么接送就成了一个问题。开车不行，因为巴黎（Bā lí）早晨交通十分糟糕[20]，学校门口又没有停车位。公共汽车和地铁都需转一次车，既不方便，也不安全。想来想去，最后决定：走路上学、走路回家，由我接送。

每天清晨（qīngchén），我牵着儿子的手，一路匆匆向学校进发（jìn fā）。送他进校门后才转身离去。

放学后，不急着赶时间，就沿[21]着小街走。有时，我们比赛跑步，前追后赶，杂乱的脚步（jiǎo bù）声在小巷回（huí）荡（dàng）。有时，我们就一路慢慢地走，看看橱窗，逛逛书店。

但毕竟是两个大老爷们（yé·men），逛街只是我们回家路（lù）程（chéng）中很小的一部分。其他的时间，我就给儿子讲故事，从《西游记》里的孙悟空，到《水浒传》里的武松（Wǔ Sōng），再到《三国演义》里的诸葛亮（Zhū gě Liàng），听得儿子一脸的神往（shénwǎng）。一路讲下去，不知不觉[22]就到家了。

中国父母，总有那么一点私心（sī xīn）。既想儿子学好法

★……来……去

小鸟在天上飞来飞去。

我们研究来研究去，也没研究出个结果。

★毕竟

我们毕竟是学生，一切要以学习为主。

孩子毕竟小，不懂事。

语，又怕儿子忘了中文；既想他吸收[23]法兰西文化的
Fǎ lán xī

养分，又希望他接受[24]中华文化的熏陶。于是，就想
yǎngfèn　　　　　　　　　　　　xūntáo

利用路上的时间让儿子背背诗词。最初选了几首古诗，
但儿子就是不愿意背。我认为优美的诗句，他不但不

觉得美，反而觉得是一堆废话。就算愿意背了，也要
fèi huà

满足他一大堆条件。没少花工夫[25]，诗歌却还是没背
几首。

后来，事情出现了转机。星期六上中文学校，
zhuǎn jī

那天教杜甫的诗，老师知道我们是从 成 都来的，就
Dù Fǔ　　　　　　　　　　　Chéng dū

让儿子讲讲杜甫草 堂。儿子把记忆中有关杜甫草堂
Dù Fǔ cǎo táng

的印象讲了出来，得到了大家热烈[26]的 掌 声。从
yìnxiàng　　　　　　　　　　　zhǎngshēng

此，儿子主动要求背杜甫的诗，七八首诗没几天就背
熟了。于是，放学路上，又多了我们父子俩的背书声。

（根据荣巴达《上学路、放学路》改写）

★反而

风不但没停，反而越来越大了。

他的病不仅没好，反而更严重了。

★就算

就算你不喜欢她，也不应该这样对她。

会话课文

家有方言

刘大伟：佳丽，你语法怎么学得那么好？

王佳丽：＿＿＿＿＿＿＿＿＿＿＿＿＿＿＿

刘大伟：我是说真的。还有思华，做练习的时候又快又好。你们到底是
怎么学的？＿＿＿＿＿＿＿＿＿＿＿＿＿

陈思华：我父母不会说普通话，小时候家里都说闽南话，所以我以前也
不怎么会说普通话。

王佳丽：我外公、外婆都是广东人，平时[27]都说粤语（yuè yǔ）。我父母印度尼西亚语说得很好，也会说广东话。他们跟外公外婆说广东话，跟我和弟弟常常说印度尼西亚语。

刘大伟：他们不说普通话吗？

王佳丽：外公、外婆不会说普通话，爸爸、妈妈会说一点，但说得不太好。

刘大伟：_____

陈思华：其实，我觉得就算小时候没有学过普通话，如果能学习一种汉语方言，对以后的学习也会有很大的帮助。

王佳丽：我同意。就拿我来说吧，从小听家里人说粤语，自己也一直跟着说，这对我现在学习汉语很有帮助。

刘大伟：哦，原来是这样！

王佳丽：大伟，我听说你妈妈也是广东人，你应该也会说粤语吧？

刘大伟：是的，我妈妈是广东人，爸爸是美国人。但是小的时候，爸爸、妈妈都跟我说英语，所以我不太会说粤语，只知道几个简单的词语和句子。

王佳丽：那你没有在学校学习汉语吗？

刘大伟：我那时候觉得汉语很难，又没什么用，学了一段时间就不学了，妈妈也拿我没办法。现在我特别后悔[28]。

陈思华：这有什么好后悔的，现在学也来得及。

王佳丽：是啊。_____真正要想学好汉语、说好普通话，必须好好努力。

刘大伟：我明白了！从现在起，我要"笨鸟先飞"，争取 后来居上（hòulái-jūshàng）！

看下面的句子，可以填在上文哪个合适的地方？

1. 哪里哪里！你过奖（guòjiǎng）了！

2. 那你们怎么学得这么好？

3. 你们是否从小就会说普通话啊？

4. 只要想学，什么时候都不晚。

能说会用

功能1：询问

到底／究竟

例句：让你跟她说这件事，你到底说了没有？

是否……

例句：你是否能帮我找个教汉语的老师？

你怎么个……

例句：大家都说了自己的想法，你怎么个想法呢？

功能2：醒悟

原来是这样／原来如此

例句：——他曾经在北京生活过三年。

　　　——原来是这样，我说他的汉语怎么说得那么好。

我明白了／我清楚了

例句：我明白了，她是从心里不愿意帮忙。

难怪／怪不得

例句：难怪他今天这么高兴，原来他妈妈来看他了。

☞请分别使用表示"询问"和表示"醒悟"的语言功能项目，进行下面的讨论。

问题：（1）你是怎么学汉语的？

　　　（2）你怎么学习其他技能的（如舞蹈、绘画、武术等）？

你知道吗

中国的方言有很多种，但主要是七大方言：北方方言、吴方言、赣方言、闽方言、粤方言、湘方言、客家方言。由于方言的存在，产生了一些有趣的现象。如上海话不能说"鹅"，因为"鹅"与"我"同音，弄不好"杀鹅"就成了"杀我"，所以上海人把"鹅"叫作"白乌龟"。再如，"妻子"在中国的各地方言中有许多不同的叫法，北方方言叫"媳妇儿"，赣方言和客家方言等南方方言中叫"老婆"，四川话叫"婆娘"，长沙话、南昌话叫"堂客"，哈尔滨、太原等地叫"屋里的"或"家里的"，陕北叫"婆姨"。

经典诵读

Dú shū pò wàn juàn　xià bǐ rú yǒu shén
读 书 破 万 卷，下 笔 如 有 神。

——杜甫《奉赠韦左丞丈二十二韵》

练习

一、熟读下列词组

余音回荡	向北进发	令人神往
私心太重	路程遥远	吸收养分
艺术熏陶	出现转机	粤语流利
后来居上	废话连篇	第一印象
掌声热烈	没有礼貌	作文题目

二、请在括号里填上合适的词语，使之词意完整

最初（　　　）	类似（　　　）	返回（　　　）
（　　　）一番	（　　　）着想	（　　　）烦恼

正常（　　　） 　　　吸收（　　　） 　　　接受（　　　）

同样（　　　） 　　　的确（　　　） 　　　热烈（　　　）

三、写出下列词语的近义词或反义词

1．写出近义词

工夫＿＿＿＿＿ 　　　糟糕＿＿＿＿＿ 　　　的确＿＿＿＿＿

假如＿＿＿＿＿ 　　　平时＿＿＿＿＿ 　　　骄傲＿＿＿＿＿

2．写出反义词

清晨＿＿＿＿＿ 　　　接受＿＿＿＿＿ 　　　虚伪＿＿＿＿＿

正常＿＿＿＿＿ 　　　最初＿＿＿＿＿ 　　　类似＿＿＿＿＿

四、选词填空

自豪　虚伪　糟糕　为难　的确　平时　工夫　后悔　接受　热烈

1．这个人说的和做的完全不一样，真是太＿＿＿＿＿了。

2．奥运会的成功举办让我们每一个人都感到非常＿＿＿＿＿。

3．我并不是不想帮你，而是因为我＿＿＿＿＿没有时间。

4．这次机会很难得，一定要抓住，否则将来你一定会＿＿＿＿＿的。

5．我们劝他不要＿＿＿＿＿那份工作，但他不听。

6．去还是留，他左右＿＿＿＿＿。

7．学生们用＿＿＿＿＿的掌声向老师表示感谢。

8．他＿＿＿＿＿考试成绩都不错，但没想到期末考试时竟没考好。

9．他很聪明，三天＿＿＿＿＿就学会了游泳。

10．他虽然很热情，但给我出的主意却非常＿＿＿＿＿。

五、用指定词语完成句子

1．孩子们在操场上玩，＿＿＿＿＿＿＿＿＿＿＿＿＿＿＿＿。（其中）

2．＿＿＿＿＿＿＿＿＿＿＿＿＿＿＿＿＿＿＿＿，你怎么办？（假如）

3. ＿＿＿＿＿＿＿＿＿＿＿＿＿＿＿＿＿＿，我们也会坚持下去。（就算）

4. 车开到十字路口时，＿＿＿＿＿＿＿＿＿＿＿＿。（不知……才好）

5. 考试要好好复习，＿＿＿＿＿＿＿＿＿＿＿＿＿。（不然）

6. 我忘了带钱，＿＿＿＿＿＿＿＿＿＿＿＿＿＿。（好在）

7. 餐厅的菜太少了，＿＿＿＿＿＿＿＿＿＿＿。（……来……去）

8. ＿＿＿＿＿＿＿＿＿＿＿＿＿＿＿＿＿，你不能这样对他。（毕竟）

9. ＿＿＿＿＿＿＿＿＿＿＿＿＿＿＿，今天怎么这么早？（平时）

10. 夏天快到了，天气不但没有变热，＿＿＿＿＿＿＿＿＿＿。（反而）

六、用指定词语改写句子

1. 刚开始的时候，我对他印象不好，慢慢地我才开始喜欢他。（最初）

＿＿＿＿＿＿＿＿＿＿＿＿＿＿＿＿＿＿＿＿＿＿＿＿＿＿＿＿＿＿＿＿＿

2. 我们学校这两年盖了很多新楼，在这里面最高的是教学楼。（其中）

＿＿＿＿＿＿＿＿＿＿＿＿＿＿＿＿＿＿＿＿＿＿＿＿＿＿＿＿＿＿＿＿＿

3. 如果你真爱一个人，你会处处为他考虑。（着想）

＿＿＿＿＿＿＿＿＿＿＿＿＿＿＿＿＿＿＿＿＿＿＿＿＿＿＿＿＿＿＿＿＿

4. 竟然出现这样的问题，这是我们无论如何也想不到的。（万万）

＿＿＿＿＿＿＿＿＿＿＿＿＿＿＿＿＿＿＿＿＿＿＿＿＿＿＿＿＿＿＿＿＿

5. 时间过得真快，我还没啥感觉，孩子就已经长大了。（不知不觉）

＿＿＿＿＿＿＿＿＿＿＿＿＿＿＿＿＿＿＿＿＿＿＿＿＿＿＿＿＿＿＿＿＿

6. 这次考试我没好好准备，幸好题目不是很难。（好在）

＿＿＿＿＿＿＿＿＿＿＿＿＿＿＿＿＿＿＿＿＿＿＿＿＿＿＿＿＿＿＿＿＿

7. 好在我们带了厚衣服，如果不是这样的话肯定会感冒的。（不然）

＿＿＿＿＿＿＿＿＿＿＿＿＿＿＿＿＿＿＿＿＿＿＿＿＿＿＿＿＿＿＿＿＿

8. 不管怎么说他也是你的爸爸，就是有错也应该原谅他。（毕竟）

＿＿＿＿＿＿＿＿＿＿＿＿＿＿＿＿＿＿＿＿＿＿＿＿＿＿＿＿＿＿＿＿＿

9. 这两种颜色看起来差不多。（类似）

＿＿＿＿＿＿＿＿＿＿＿＿＿＿＿＿＿＿＿＿＿＿＿＿＿＿＿＿＿＿＿＿＿

10. 孩子们在公园里玩，一会儿跑到这儿，一会儿跑到那儿。

(……来……去)

七、根据课文内容判断下列句子对错

1. 刚来中国的时候，我的汉语水平很不错。 （   ）
2. 当中国人问我是哪国人时，我告诉他们我是"混血儿"。 （   ）
3. 很多中国人一见我就知道我是个外国人。 （   ）
4. 中国人刚见我时跟我说英语，当我用汉语回答他们后，他们就马上用汉语跟我说话。 （   ）
5. 与我的外貌相比，我的一半儿一半儿更多地体现在我的内在。

（   ）

6. 如果在亚洲你跟别人谈论他的身材，这是一件很没有礼貌的事情。

（   ）

八、根据课文内容回答下列问题

1. "我是'一半儿一半儿人'"是什么意思？
2. 当别人问我是哪国人时，我是怎么回答的？
3. 从哪里可以看出我的内在也是"一半儿一半儿人"？
4. 如果有人请吃饭，德国人和中国人分别是怎么回答的？
5. 对于"一半儿一半儿人"这种身份，我是怎么看的？

九、写一写，练一练

请从下列词语中选择 6～8 个词语写一段你在使用汉语时或在中国发生的趣事。

最初　同样　说法　为难　当作　做法　尴尬　正常　可笑　烦恼

十、学一学，玩一玩

每个同学准备一句自己家乡的方言，在课堂上教给全班同学，同学们比

一比，看谁学得最好。

十一、想一想，说一说

1．你在国外有过不同文化交际时产生的趣事吗，请说一说。

2．你在国外的语言生活是怎么样的，请你描述一下。

第二单元

趣事逸闻

第四课

生活趣事

课前热身

1. 请问图中的人在做什么？你猜他们之间会有什么故事呢？
2. 你在理发的时候有没有遇到过什么有趣的事情？

开心词典

以来[1]　　　yǐlái　　　　　　名词

　　例：自古以来　长期以来
　　　　改革开放以来，中国发生了巨大的变化。

形象[2]　　　xíngxiàng　　　　名词

　　例：英雄形象　形象大使
　　　　他在大家的眼中一直是好丈夫、好父亲的形象。

表情[3]　　　biǎoqíng　　　　　　名词

　　　例：表情严肃　表情丰富　奇怪的表情
　　　　　他的脸上流露出兴奋的表情。

风趣[4]　　　fēngqù　　　　　　　形容词

　　　例：风趣幽默　十分风趣　风趣得很
　　　　　他讲话很风趣。

随意[5]　　　suí//yì　　　　　　　形容词

　　　例：随意挑选　随意出入
　　　　　请大家随意点菜，不要客气。

衣着[6]　　　yīzhuó　　　　　　　名词

　　　例：衣着随意　衣着讲究
　　　　　从衣着看，他像个有钱人。

褪色[7]　　　tuì//sè　　　　　　　动词

　　　例：这种布下水后不褪色。

竟[8]　　　　jìng　　　　　　　　副词

　　　例：我以为他肯定不会答应，没想到他竟答应了。

随手[9]　　　suíshǒu　　　　　　副词

　　　例：出门时请随手关灯。

塞[10]　　　sāi　　　　　　　　　动词

　　　例：东西太多了，箱子已经塞不下了。

一时[11]　　yīshí　　　　　　　　副词

　　　例：一时糊涂　一时忘了怎么说
　　　　　我一时想不起他的名字了。

立即[12]　　lìjí　　　　　　　　　副词

　　　例：立即行动　立即离开
　　　　　听到响声，他立即跑了出去。

整整[13]　　zhěngzhěng　　　　　副词

　　　例：我到北京已经整整三年了。

惊讶[14]　　jīngyà　　　　　　形容词

　　例：非常惊讶　惊讶的表情

　　　　大家对这件事情感到十分惊讶。

掏[15]　　tāo　　　　　　　　动词

　　例：掏钱　掏出来

胡乱[16]　　húluàn　　　　　　形容词

　　例：他胡乱写了一篇作文就交上去了。

自然[17]　　zìrán　　　　　　　副词

　　例：只要认真学习，自然会取得好成绩。

　　　　你不尊重别人，别人自然也不会尊重你。

发脾气[18]　　fā pí·qi

　　例：有话好好说，不要乱发脾气。

犹豫[19]　　yóuyù　　　　　　形容词

　　例：十分犹豫

　　　　想做什么就去做，不要犹豫。

留言[20]　　liúyán　　　　　　动词

　　例：如果有事请给我留言，我会尽快回电话的。

以内[21]　　yǐnèi　　　　　　名词

　　例：一个月以内　五十人以内

　　　　这项工作必须在三天以内完成。

至[22]　　zhì　　　　　　　　动词

　　例：上午十点至下午五点　自始至终　上海至北京

疯[23]　　fēng　　　　　　　动词

　　例：每天都有那么多作业，我感觉快要疯了。

情感[24]　　qínggǎn　　　　　名词

　　例：情感丰富　表达情感

　　　　她最近遇到了一些情感问题。

即将[25]　　jíjiāng　　　　　　副词

　　例：即将到来　即将离别　比赛即将结束

崩溃[26]　　　bēngkuì　　　　　　动词

　　例：精神崩溃　心理崩溃　完全崩溃

　　　　听到这个消息，她整个人一下子崩溃了。

推[27]　　　　tuī　　　　　　　　动词

　　例：推车　推倒

　　　　门没有锁，一推就开了。

冲[28]　　　　chòng　　　　　　　介词

　　例：冲我挥手　冲他跑了过去

　　　　他转过头来冲我笑了笑。

凡[29]　　　　fán　　　　　　　　副词

　　例：凡……都　凡……没有不

　　　　她凡事都要问父母。

　　　　凡年满十八岁的男生都必须参加这次活动。

用处[30]　　　yòngchù　　　　　　名词

　　例：用处不大　有用处

　　　　除了打电话，手机还有很多用处。

故意[31]　　　gùyì　　　　　　　　副词

　　例：他故意大声说话，好引起大家的注意。

笑话[32]　　　xiào·hua　　　　　　动词

　　例：想要学好汉语就要多说，不要怕别人笑话。

具体[33]　　　jùtǐ　　　　　　　　形容词

　　例：具体情况　具体安排

　　　　请你具体介绍一下工作情况。

注视[34]　　　zhùshì　　　　　　　动词

　　例：她一直注视着窗外。

　　　　当他说这些话的时候，大家都注视着他。

课文

鲁迅理发

Lǔ Xùn
鲁迅是中国现当代作家中比较特别的一位，他
wén bǐ xī lì
文笔犀利、思想深刻。多年以来[1]，鲁迅先生在很多
nǎohǎi   xū
人脑海里的形象[2]是：短发粗须，身穿长衫，表情[3]严
肃，甚至有点儿让人害怕。其实生活中的鲁迅是一个
幽默、风趣[4]的人。

Xiàmén dà xué rèn//jiào
鲁迅先生在厦门大学任教期间，经常是几个月
lù guò
才理一次发。有一次，鲁迅路过一家理发店，就随
hán suān
意[5]走了进去。理发师不认识鲁迅，见他衣着[6]寒酸，
luànpéng
身穿一件褪色[7]的长衫，脚穿一双布底鞋，头发乱蓬
péng
蓬的，心里看不起他，便很随便地剪了一下，不到
十分钟就剪好了。理完之后，让理发师没想到的是，
鲁迅竟[8]随手[9]抓了一大把钱，数也不数，直接塞[10]给那
理发师，然后一句话没说就走了。理发师仔细一数，
发现竟然多出了好几倍，一时[11]又惊又喜。

过了一段时间，鲁迅又去这家店理发，衣着打扮
还和以前一样。那理发师认得是上次来的那位大方的
"有钱人"，立即[12]热情起来，又是端茶，又是敬烟，
理发的时候也非常认真、仔细，整整[13]干了一个多小
时。可令他惊讶[14]的是，鲁迅并没有像上次那样随意

★犀利：形容语言、感觉、目光等的尖锐锋利。

★V＋也不＋V
看也不看
问也不问

★又是……又是……
一年多没见了，看到
儿子地又是抱又是亲。

抓一大把钱给他，而是不慌不忙地掏[15]出一把钱，看了一眼价格，然后仔仔细细地挑出几个，完全按照价格付款，一个子儿也不多。理发师接过钱来，脸上写满失望之情。鲁迅看在眼里，便笑着说："上次你胡乱[16]给我剪，我付钱也就胡乱付；这次你认真给我剪，我自然[17]就要认真地按价格给你钱啦！"听完之后，理发师<ruby>羞<rt>xiū</rt></ruby>得满脸通红。

★若有所悟：似乎有点明白或好像有点理解。

对于那位<ruby>势利<rt>shì·li</rt></ruby>的理发师，鲁迅既没有大发脾气[18]，也没有直接对他进行教育，而是用幽默的方式，让人在一笑之中，<ruby>若有所悟<rt>ruòyǒusuǒwù</rt></ruby>。

（根据网络文章改写，作者佚名）

阅读课文

★癖：因长期的习惯而形成的对某种事物的偏好。

选择<ruby>癖<rt>pǐ</rt></ruby>

星期天下午我到女友住处找她，在门口看到门上挂着一个<ruby>话筒<rt>huàtǒng</rt></ruby>。

摘下话筒，我听到里面传来女友温柔的声音：普通话请按1，河南话请按2，山东话请按3，英语请按4……

★毫不
毫不在乎
毫不客气

我毫不犹豫[19]地按了1。

周胖子请按1，王大姐请按2，<ruby>邮递员<rt>yóu dì yuán</rt></ruby>请按3，<ruby>物业<rt>wù yè</rt></ruby>人员请按4……

按1。

拜访请按1，留言[20]请按2，送邮件请按3，卖保险请按 4……

再按 1。

半小时以内[21]请按 1，半小时至[22]一小时请按 2，一小时至两小时请按 3，两小时以上请按 4……

有一种要疯[23]的感觉。按 1。

闲聊(xiánliáo)请按 1，听音乐请按 2，喝茶请按 3，借书请按 4……

★闲聊：闲谈。

手指有快抽筋(chōu//jīn)的感觉。按 1。

聊情感[24]请按 1，聊政治(zhèngzhì)请按 2，聊文学请按 3，聊减肥请按 4……

有一种即将[25]崩溃[26]的感觉。按 1。

边吃饭边聊请按 1，边喝茶边聊请按 2，边吃零食边聊请按 3，边吃水果边聊请按 4……

我想我已经崩溃。按 1……

花掉至少两个小时，话筒里终于不再有任何声音。我长舒一口气，推[27]开门。

★长舒一口气

看到考试都及格了，他长舒了一口气。

你疯了吗？我冲[28]女友大叫，知不知道浪费别人时间等于浪费别人的生命？

别生气，亲爱的。女友笑。

怎么能不生气？你在门上挂个话筒，让我不停按 1，……你是不是得了最流行的选择癖？

最流行的选择癖？女友问。

就是凡[29]事都要别人作出选择！就是把一件非常简单的事情搞得非常复杂！

我没得选择癖。女友说，真正得选择癖的是你。

我说，你不让我进门，要我不停选择、不停按键，还说我是选择癖？

当然是你。女友笑着说，话筒虽然挂在门上，可是毫无用处³⁰，只是一个玩笑……事实上我的门根本就没有关，你要进来的话，只需轻轻一推……

（根据周海亮《选择癖》改写）

会话课文

我可以"吻^{wěn}"你吗？

刘大伟：佳丽，我可以"吻"你吗？

王佳丽：当然不可以！

刘大伟：为什么？你现在很忙吗？

王佳丽：因为你不是我老公。

刘大伟：啊？噢，对不起！我又发错音了，是"问"不是"吻"。

王佳丽：哈哈！没关系，我知道你是说错了，我故意³¹逗^{dòu}你的。

刘大伟：老师纠正我好几次了，可我还是常常说错，太不好意思了。

王佳丽：没事儿，多练习几次就好了。

罗志龙：佳丽、大伟，你们都在呢！给你们介绍一位新朋友，这是李慧兰，也是越南人。

李慧兰：你们好！

王佳丽：你好！我叫王佳丽，从印度尼西亚来的。

刘大伟：你好！我叫刘大伟，美国人。请问你也是"坏人"吗？

李慧兰：啊？

罗志龙：她不是"坏人"，我们都是"华人"，只有你是"坏人"。

刘大伟：＿＿＿＿＿＿＿＿＿＿我又说错了？真对不起！我现在恨不得找个地缝儿钻进去。

李慧兰：没关系，不用不好意思。我刚来中国的时候，也闹过不少笑话。

刘大伟：＿＿＿＿＿＿＿＿＿＿你的汉语这么好，难道也闹过笑话³²？

李慧兰：真的。你是因为发音不准确而闹（nào）笑话，我则是因为不知道多义
　　　　词而闹了笑话。

刘大伟：具体[33]是怎么回事呢？

李慧兰：有次过马路，路上的车非常多，老师跟我说"看车"。我就立
　　　　即停下脚步，一边傻乎乎（shǎ hū hū）地注视[34]着来往车辆（chē liàng），一边想这些
　　　　车有什么好看的。

刘大伟：哈哈，没想到你也会闹笑话啊。

李慧兰：＿＿＿＿＿＿＿＿＿＿＿在学习语言的过程中，这些都是很正
　　　　常的。

刘大伟：＿＿＿＿＿＿＿＿＿＿＿

李慧兰：老师不是说了嘛，不怕闹笑话，就怕不开口。

刘大伟：那我以后也要大胆（dà dǎn）开口，再也不怕你们笑话了。

看下面的句子，可以填在上文哪个合适的地方？

1. 不会吧？

2. 真的吗？

3. 可不是。

4. 说的也是。

能说会用

功能1：怀疑

不会吧？

例句：不会吧？他这么年轻就已经结婚了？

真的吗？

例句：真的没有去北京的飞机吗？

难道……

例句：老师昨天已经说了，难道你没听到吗？

功能2：确认

没错儿

例句：——他不想出国学习了，是真的吗？

——没错儿，他亲口告诉我的。

可不是

例句：——今天真是太让人高兴了。

——可不是，有朋自远方来，不亦乐乎！有朋友来看我们，当然值得高兴了。

说的也是

例句：——今天晚上不回去了吧，咱们好好聊一聊。

——说的也是。我们已经五六年没见了，一定要聊一晚上。

☞请分别使用表示"怀疑"和表示"确认"的语言功能项目，进行下面的讨论。

问题：（1）学习汉语的过程中，你闹过什么笑话吗？

（2）你觉得学习汉语最难的是什么？为什么？

（3）你有什么好的学习方法或经验？

你知道吗

鲁迅（1881年9月25日—1936年10月19日），原名周树人，"鲁迅"是他的笔名，浙江绍兴人。著名的文学家、思想家、民主战士，中国现代文学的奠基人。

鲁迅一生在文学创作、文学批评、思想研究、翻译、美术理论引进、基础科学介绍和古籍研究等领域具有重大贡献，蜚声世界文坛，被誉为"二十世纪东亚文化地图上占最大领土的作家"。

鲁迅的主要代表作品有《狂人日记》《孔乙己》《阿 Q 正传》《朝花夕拾》《野草》等。

经典诵读

Héng méi lěng duì qiān fū zhǐ　fǔ shǒu gān wéi rú zǐ niú
横　眉　冷　对　千　夫　指，俯　首　甘　为　孺　子　牛。

——鲁迅《自嘲》

练习

一、请在括号里填上合适的词语，使之词意完整

表情（　　　　）　　立即（　　　　　　）　　（　　　　）惊讶

随手（　　　　）　　衣着（　　　　　　）　　（　　　　）脾气

一时（　　　　）　　文笔（　　　　　　）　　（　　　　）笑话

胡乱（　　　　）　　毫不（　　　　　　）　　（　　　　）崩溃

即将（　　　　）　　挑　（　　　　　　）　　（　　　　）犀利

二、写出下列词语的近义词或反义词

1. 写出近义词

惊讶＿＿＿＿＿＿　　笑话＿＿＿＿＿＿　　即将＿＿＿＿＿＿

风趣＿＿＿＿＿＿　　立即＿＿＿＿＿＿　　衣着＿＿＿＿＿＿

2. 写出反义词

胡乱＿＿＿＿＿＿　　严肃＿＿＿＿＿＿　　大胆＿＿＿＿＿＿

直接＿＿＿＿＿＿　　故意＿＿＿＿＿＿　　独特＿＿＿＿＿＿

三、选词填空

| 一时　随手　惊讶　即将　立即　情感　风趣　表情 |

1. 听到这个消息，她十分着急，_____不知道怎么办才好。

2. 请大家爱护环境，不要_____乱扔垃圾。

3. 她完全没想到好朋友会在这个时候出现，_____得说不出话来。

4. 新的一年_____到来，祝大家新年快乐、万事如意！

5. 他讲话很_____，常常逗得大家开怀大笑。

6. 她说话的时候_____很丰富，也很夸张。

7. 对老人来说，与物质上的支持相比，他们更需要的是_____上的关怀。

8. 银行卡丢失以后，他_____给银行打电话挂失。

四、我的词语故事

分成几个小组，每个小组从"开心词典"里面任选 5～10 个词，并用这些词语讲故事。

五、用指定词语完成句子

1. 终于放假了，我已经一年没有回家了，_____。（恨不得）

2. _____，她一直在身边照顾他，从来没有离开过。（……以来）

3. 这幅画_____，可以说是他最好的作品之一。（整整）

4. 当我把这个消息告诉他的时候，_____。（毫不）

5. 领导要求我们_____，时间非常紧张。（……以内）

6. 一看到他，_____。（又是……又是……）

7. 我花了一个星期做的礼物，_____，太让我伤心了。（V＋也不＋V）

8. _____，一点生活自理能力也都没有。（凡）

六、根据课文内容判断下列句子对错

1. 在生活中鲁迅是一个非常严肃、不懂幽默的人。　　　　（　　）

2. 鲁迅曾经在厦门大学工作过。　　　　　　　　　　　（　　）

3. 鲁迅平时在穿衣打扮方面不太讲究。　　　　　　　　（　　）

4. 理发师的技术很好，所以很快就给鲁迅剪好了。　　　（　　）

5. 第一次理发鲁迅非常满意，所以付了很多钱。　　　　（　　）

6. 第二次去理发，理发师很热情，是因为他知道鲁迅很有名。（　　）

7. 第二次理发的时候，理发师非常认真、仔细。　　　　（　　）

8. 第二次理发鲁迅按照价格付了钱。　　　　　　　　　（　　）

9. 第二次鲁迅没有给那么多钱，是因为理发师耽误了太多时间。

　　　　　　　　　　　　　　　　　　　　　　　　（　　）

10. 那位理发师对待穷人和富人的态度不一样。　　　　　（　　）

七、根据课文内容回答下列问题

1. 通过这个故事，你觉得鲁迅是一个什么样的人？

2. 你觉得理发师是一个什么样的人？

3. 在现实生活中，像理发师这样的人多吗？你遇到过吗？

4. 如果你遇到课文中的这种情况，你会怎么做？

5. 你还知道鲁迅的其他故事吗？请说一说。

八、写作

你知道哪些名人趣事？请选择一件写成一篇短文。

第五课

巧化回事

课前热身

1. 你知道图片上是什么吗？是中国的还是外国的？是古代的还是现代的？

2. 你觉得他们之间会发生什么故事呢？

开心词典

潇洒[1]　　　xiāosǎ　　　　　形容词

例：他一边打工一边旅行，实在太潇洒了。

他年轻的时候英俊潇洒，很受女孩子喜欢。

兴致勃勃[2]　xìngzhì－bóbó

例：我们兴致勃勃地参观了博物馆。

现场[3]　　　xiànchǎng　　　　名词

例：现场制作　现场直播

你当时在不在现场？

赠送[4]　　　　zèngsòng　　　　　动词

　　例：这是老师赠送给我的礼物。

请求[5]　　　　qǐngqiú　　　　　动词

　　例：她请求领导让他去上海工作。

　　　　他请求学校再给他一次机会。

无法[6]　　　　wúfǎ　　　　　　动词

　　例：无法拒绝　无法原谅

　　　　这个问题是很难处理，但还不是无法解决。

扫兴[7]　　　　sǎo//xìng　　　　形容词

　　例：下雨了，不能去爬山了，真扫兴！

　　　　你要是不去，会扫了大家的兴。

胸怀[8]　　　　xiōnghuái　　　　名词

　　例：胸怀宽广　胸怀远大

正当[9]　　　　zhèngdāng　　　　动词

　　例：正当我们准备出发时，突然下起了雨。

　　　　正当大家商量怎么才能联系到小王时，他打来了电话。

犹豫不决[10]　　yóuyù-bùjué

　　例：是留在北京还是回广州，他一直犹豫不决。

顿时[11]　　　　dùnshí　　　　　副词

　　例：听到这个好消息，大家顿时欢呼起来。

巧妙[12]　　　　qiǎomiào　　　　形容词

　　例：构思巧妙　巧妙的方法

　　　　他巧妙地回答了这个让人尴尬的问题。

突出[13]　　　　tūchū　　　　　动词

　　例：重点突出　突出个人

崇高[14]　　　　chónggāo　　　　形容词

　　例：崇高的理想　崇高的品格　地位崇高

地位[15]　　　　dìwèi　　　　　名词

例：社会地位　国际地位　地位平等　提高地位

化解[16] 　　huàjiě 　　　　动词

例：化解矛盾　化解尴尬

难堪[17] 　　nánkān 　　　　形容词

例：十分难堪　令人难堪

这件事让她感到有点难堪。

细致[18] 　　xìzhì 　　　　形容词

例：细致的花纹　工作细致

完美[19] 　　wánměi 　　　　形容词

例：完美的计划　非常完美

追求完美没有错，但也要学会接受不完美。

象征[20] 　　xiàngzhēng 　　　　动词

例：太阳象征光明。

绿色象征希望。

完整[21] 　　wánzhěng 　　　　形容词

例：结构完整　意思完整

这个句子不完整。

当初[22] 　　dāngchū 　　　　名词

例：当初这里是一条河。

对于当初的决定，你现在后悔吗？

出丑[23] 　　chū//chǒu 　　　　动词

例：演出之前她一直很紧张，就害怕出丑。

边缘[24] 　　biānyuán 　　　　名词

例：边缘部分　边缘地区　桌子的边缘

想象[25] 　　xiǎngxiàng 　　　　动词

例：不难想象　想象不出

生活可能没有我们想象中的那么美好，但也没有那么糟糕。

误会[26] 　　wùhuì 　　　　动词

例：你误会了他的意思。

别误会，我不是那个意思。

招聘[27]　　zhāopìn　　　　　动词

例：招聘会　招聘启事

那家公司正在招聘工作人员。

兼职[28]　　jiānzhí　　　　　名词

例：为了赚钱，他找了两份兼职。

不可思议[29]　bùkě-sīyì

例：他才 15 岁就考上了大学，简直太不可思议了！

参与[30]　　cānyù　　　　　动词

例：参与讨论　参与计划

他参与了这座大楼的设计工作。

本身[31]　　běnshēn　　　　　代词

例：生活本身就是丰富多彩的。

现实[32]　　xiànshí　　　　　名词

例：现实生活　现实社会　现实情况

理想和现实总是有差别的。

排斥[33]　　páichì　　　　　动词

例：相互排斥　受到排斥

当你受到别人排斥时，首先要想一想自己有没有问题。

体验[34]　　tǐyàn　　　　　动词

例：体验生活　亲身体验

他深深体验到了这种工作的辛苦。

课文

关键的句子

北京香山饭店，一位书法家在举办个人作品 展（zhǎn）。

他留着一头长发，看起来很有艺术范儿（fànr）。再看他的作品，楷书（kǎishū）工整（gōngzhěng），行书（xíngshū）潇洒[1]，漂亮极了。

前来参观的人很多，几个老外也看得兴致勃勃[2]！

其中有一个叫史密斯（Shǐmìsī）的，对中国文化很感兴趣，尤其是中国书法。看到书法家可以现场[3]写字赠送[4]，他就请求[5]书法家给他写一幅字，内容是——"孔子曰（yuē）：

★曰：书面语，意思是"说"，一般用于书面语。

可口可乐（Kěkǒukělè）好极了！"

原来，这个史密斯是美国可口可乐公司的一位经（jīng）理（lǐ），他希望这幅作品可以为可口可乐做广告。

书法家一听就为难了：第一，孔子从没见过"可口可乐"这洋玩意儿（wányìr），怎么可能说出这样的话？第二，孔子就算见了，他会替可口可乐做广告吗？书法家实在无法[6]写出这几个字。不过他心里也明白史密斯并无恶意（èyì），只是文化观念不同而已。要是不写的话，不仅会让美国朋友扫兴[7]，也会显得自己很没有胸怀[8]。

★从没
他从没来过中国。

★要是……的话
要是你不喜欢的话，可以送给我。

正当[9]书法家犹豫不决[10]时，旁边的一位老人说："没关系，大胆写！"书法家只好按照史密斯的要求写。

写完后，老人又让他加上一行字："一位美国朋友的梦想。"他顿时[11]明白了老人的意思。这一行字加得太好了，既不影响孔子的形象，又满足了外国朋友的要求。他大笔一挥，很快就完成了这幅作品：

"孔子曰：可口可乐好极了！——一位美国朋友的梦想。"

在场的观众看到这里，都笑了，连史密斯也乐了。

这样一写，把中国古代 圣人(shèng rén) 和现代美国人巧妙[12]地联系在一起，幽默风趣。让孔子说一句话来表达美国朋友的美好愿望，突出[13]了孔子在外国友人心(xīn)目中的崇高[14]地位[15]，对中国的古老文明(wénmíng) 也是一种极好的宣传。

这一化解[16]尴尬场面(chǎngmiàn) 的关键句子，真可以说是绝妙之至(jué miào zhī zhì)！

★绝妙之至：绝妙到极点。

（根据网络文章改写，作者佚名）

阅读课文

富贵不全，还是富贵无边？

生活中，常常会有让人想不到的事情发生。正因为想不到，所以往往让人一下子陷入(xiàn rù)非常尴尬的情况之中，不知道该怎么办，十分难堪[17]。

★陷入：落在不利的境地。

可是，最近在一位老师的生日宴上，我看到了别人的尴尬，更看到了师长(shīzhǎng) 的智慧。

有位学生买了一幅中国工笔画送给老师作礼物，画上是鲜艳的红色牡丹(mǔ·dan)，所有的花瓣(huābàn)和叶子都画得十分细致[18]，几乎完美[19]。在中国，牡丹象征[20]着富贵(fù guì)，老师很喜欢，将那幅牡丹图拿出来让大家欣赏。

所有人看后，都纷纷称赞。这位学生也非常高兴，

★品位：指人或事物的品质、水平。

觉得自己送的礼物很有<ruby>品位<rt>pǐnwèi</rt></ruby>。

忽然有人惊讶地说："大家看，这幅牡丹图最上面的那朵花竟然没有画完整[21]，不就是代表'富贵不全'吗？这还是<ruby>真心<rt>zhēnxīn</rt></ruby>在祝福吗？"

此时最难堪的就是这位学生了，只怪自己当初[22]没有好好检查这幅画。原本是一番<ruby>好意<rt>hǎo yì</rt></ruby>，现在反而在大家面前出丑[23]了。

这时，老师站了起来。他先是深深地感谢这位学生，大家都觉得莫名其妙：收到一幅这么糟糕的画，还要表示感谢？接着，老师微笑着说："大家都看到了，最上面的这朵牡丹花没有画出它该有的边缘[24]，这是因为牡丹象征着富贵，而我的富贵是'无边'的，这位学生是在祝福我'富贵无边'啊！"说完这些话，房间里立刻响起了热烈的掌声。同时，也让那位送礼物的学生非常感动！

你看，这位老师几句简单的解释就巧妙地化解了尴尬，是不是很有智慧？

日常生活中，许多事情都无法像我们想象[25]的那样完美顺利，当遇到误会[26]或尴尬的时候，请不要紧张，让幽默和智慧帮助你。往往正是在"<ruby>囧<rt>jiǒng</rt></ruby>"处，才能生出真正的智慧来！

★囧：表示尴尬、为难的意思。

（根据网络文章改写，作者佚名）

会话课文

公园相亲

王佳丽：大伟，大周末怎么穿得这么正式啊？

刘大伟：＿＿＿＿＿＿＿＿＿＿＿今天真是囧死了！

王佳丽：怎么了？

刘大伟：我早上去公园跑步的时候，看到很多人拿着照片和简历^{jiǎn lì}，以为是招聘²⁷会，也想去找份兼职²⁸，所以赶紧回来打印^{dǎ yìn}简历，换上西装，跑了过去。

王佳丽：然后呢？

刘大伟：然后我发现竟然是一个相 亲^{xiāng//qīn}大会！那些老头儿、老太太都在为自己的儿女相亲，好几个人围着问我的年龄、收入、家庭什么的，太尴尬了！

李晓玉：哈哈！你不知道他们是在相亲啊？

刘大伟：当然不知道！太不可思议²⁹了！恋爱婚 姻^{hūn yīn}完全是个人的事情，

＿＿＿＿＿＿＿＿＿＿＿

李晓玉：在中国人眼里，恋爱可能是个人的事，但婚姻并不完全是个人的事，而是整个家庭的事，所以父母也会参与³⁰。

刘大伟：自己的婚姻需要父母的参与？你会让父母去公园替你相亲吗？

李晓玉：那样的父母毕竟是少数，他们这么做大多是因为儿女工作忙没有时间，或者是不好意思自己出来相亲。

王佳丽：其实大多数父母只是出于对儿女的关心，最终还是会尊重儿女的选择的。

刘大伟：可是相亲本身³¹就是一件很奇怪的事啊。作为年轻人，你们会接受相亲吗？

王佳丽：如果可能，肯定都希望自由恋爱，但有时因为现实³²情况，很难遇到合适的人。

李晓玉：以前我也特别排斥³³相亲，但现在觉得也是一种选择方式。如果能通过相亲找到相爱的人，不也很好吗？

刘大伟：＿＿＿＿＿＿＿＿＿＿

李晓玉：文化不同，<ruby>国情<rt>guóqíng</rt></ruby>不同，每个人的情况也不同，但不管选择什么样的方式，只要能找到属于自己的幸福就好。

王佳丽：大伟，你应该去体验³⁴一下，说不定能找到一个自己喜欢的女朋友呢！

刘大伟：＿＿＿＿＿＿＿＿＿＿

看下面的句子，可以填在上文哪个合适的地方？

1. 怎么能让别人决定呢？
2. 反正我是不会选择这种方式的。
3. 别开玩笑了。
4. 别提了，

能说会用

功能1：拒绝

怎么能让别人决定呢？

例：这么重要的事情，怎么能让别人决定呢？

反正我是不会……的

例：你别说了，反正我是不会参与的。

别开玩笑了

例：去做兼职？别开玩笑了！学习这么忙，我没有时间。

功能2：无奈

由不得

例：我是很想帮你的忙，可这事由不得我啊，我也没办法。

只好/只得/只能

例：晚上七点才回家，也没顾得上去买菜，只好煮包方便面。

不得不

例：由于情况有变化，我们不得不修改了原来的计划。

☞请分别使用表示"拒绝"和表示"无奈"的语言功能项目，进行下面的讨论。

问题：（1）在恋爱方面你会考虑父母的建议吗？为什么？

　　　（2）你接受相亲吗？为什么？

　　　（3）为什么现在还有很多人会去相亲？

　　　（4）你觉得相亲有什么好处和坏处？

你知道吗

"中国画"，简称"国画"，主要指的是画在绢、宣纸、帛上并加以装裱的卷轴画。国画是汉族的传统绘画形式，是用毛笔蘸水、墨、彩作画于绢或纸上。工具和材料有毛笔、墨、颜料、宣纸、绢等，题材可分人物、山水、花鸟等，技法可分具象和写意。中国画在内容和艺术创作上，体现了古人对自然和社会的认识。

经典诵读

Xué ér shí xí zhī　bù yì yuè hū
学 而 时 习 之，不 亦 说 乎？

Yǒu péng zì yuǎn fāng lái　bù yì lè hū
有 朋 自 远 方 来，不 亦 乐 乎？

——《论语·学而第一》

练习

一、请在括号里填上合适的词语，使之词意完整

地位（　　　）　　象征（　　　）　　（　　　）误会

胸怀（　　　）　　赠送（　　　）　　（　　　）现实

无法（　　　）　　招聘（　　　）　　（　　　）想象

突出（　　　）　　参与（　　　）　　（　　　）细致

请求（　　　）　　化解（　　　）　　（　　　）难堪

二、写出下列词语的近义词和反义词

1. 写出近义词

顿时＿＿＿＿＿＿　　　细致＿＿＿＿＿＿　　　参与＿＿＿＿＿＿

本身＿＿＿＿＿＿　　　出丑＿＿＿＿＿＿　　　难堪＿＿＿＿＿＿

2. 写出反义词

完整＿＿＿＿＿＿　　　恶意＿＿＿＿＿＿　　　边缘＿＿＿＿＿＿

富贵＿＿＿＿＿＿　　　细致＿＿＿＿＿＿　　　文明＿＿＿＿＿＿

三、把下列词语按正确的顺序排成句子

1. 兴致勃勃　博物馆　们　了　地　孩子　参观

＿＿＿＿＿＿＿＿＿＿＿＿＿＿＿＿＿＿＿＿＿＿＿＿＿＿＿＿＿＿

2. 他　老师　再　一次　自己　给　机会　请求

＿＿＿＿＿＿＿＿＿＿＿＿＿＿＿＿＿＿＿＿＿＿＿＿＿＿＿＿＿＿

3. 扫兴　不　她　做　是　这么　因为　让　大家　想

＿＿＿＿＿＿＿＿＿＿＿＿＿＿＿＿＿＿＿＿＿＿＿＿＿＿＿＿＿＿

4. 无法　邀请　我　他　拒绝　的

＿＿＿＿＿＿＿＿＿＿＿＿＿＿＿＿＿＿＿＿＿＿＿＿＿＿＿＿＿＿

5. 我　听　的　了　话　顿时　起来　笑　了　她

_____

6. 人们　他　地位　心目　在　具有　中　崇高　的　十分

_____

7. 吉祥　在　红色　中国　和　着　喜庆　象征

_____

8. 他　说　让　的　感到　非常　话　难堪　刘静

_____

9. 当初　真　不　你　应该　她　要求　答应　的

_____

10. 完美　在　没有　世界　上　个　人　是　的　这　一

_____

四、我的词语故事

分成几个小组，每个小组从"开心词典"里面任选 5~10 个词，利用这些词语讲故事。

五、用指定词语完成句子

1. 你听过她唱歌吗？_____。（极了）
2. 这是我第一次爬长城，_____。（从没）
3. _____，他也不会来参加这次活动。（就算）
4. _____，最后可能无法顺利毕业。（要是……的话）
5. _____，否则也不会迟到了。（怪）
6. _____，妈妈鼓励我勇敢地向前走，不要轻易放弃。（正当）
7. 大卫特别喜欢运动，_____。（……什么的）
8. _____，父母没有把这件事告诉小芳。（出于）

六、根据课文内容判断下列句子对错

1. 史密斯对中国书法很感兴趣。　　　　　　　　　（　　）

2．书法家只展览作品，不现场送字。　　　　　　　　　　　　　（　　）

3．史密斯不知道孔子是谁。　　　　　　　　　　　　　　　　　（　　）

4．史密斯很喜欢喝可口可乐，所以提出那个奇怪的要求。　　　　（　　）

5．书法家觉得让孔子说出这样的话不符合事实。　　　　　　　　（　　）

6．书法家觉得孔子一定不喜欢可口可乐。　　　　　　　　　　　（　　）

7．史密斯想通过这幅作品给可口可乐公司做广告。　　　　　　　（　　）

8．书法家认为史密斯这么做是故意让他难堪。　　　　　　　　　（　　）

9．那位老人是史密斯的朋友，所以鼓励书法家大胆写。　　　　　（　　）

10．最后，所有人都对这个结果感到满意。　　　　　　　　　　　（　　）

七、根据课文内容回答下列问题

1．你觉得史密斯的要求合适吗？为什么？

2．书法家为什么会犹豫不决？

3．如果孔子还活着，你觉得他会替可口可乐做广告吗？为什么？

4．为什么加上那句话以后表达的意义就不一样了？

5．如果是你遇到这种情况，你会怎么做？

八、写作

你遇到过或听说过什么尴尬的事情吗？请写一篇短文与大家分享。

第六课

名人逸事

课前热身

1. 你知道上面图片是什么吗？你觉得他们之间会有什么故事？
2. 在你学习过程中有什么特别的经历吗？请说一说。

开心词典

入迷[1]　　　rù//mí　　　　　动词

　　例：王老师很会讲故事，孩子们听得入了迷。

　　　　他看书看入迷了，妈妈叫了他几声都没听见。

厌烦[2]　　　yànfán　　　　　动词

　　例：感到厌烦　特别厌烦　厌烦极了

　　　　每天都做同样的事情，大家都厌烦了。

撒[3]　　　　sǎ　　　　　　　动词

　　例：他往汤里撒了点盐。

捉弄[4]　　　zhuōnòng　　　　　动词

　　　例：他总是喜欢捉弄别人。

讲情[5]　　　jiǎng//qíng　　　　动词

　　　例：很多人都替他讲情，希望我能原谅他。

饶[6]　　　　ráo　　　　　　　　动词

　　　例：饶他这一回　得理不饶人

　　　　　他已经知道错了，你就饶了他吧。

过人[7]　　　guòrén　　　　　　动词

　　　例：聪明过人　过人的才能

　　　　　在这次事件中，他表现出了过人的勇气。

暗暗[8]　　　àn'àn　　　　　　　副词

　　　例：暗暗发誓　暗暗埋怨

　　　　　他暗暗下定决心，一定要把汉语学好。

割[9]　　　　gē　　　　　　　　动词

　　　例：割草　割麦子

铺[10]　　　　pū　　　　　　　　动词

　　　例：她在桌子上铺了一层报纸。

　　　　　客厅里铺着红色的地毯。

求教[11]　　　qiújiào　　　　　　动词

　　　例：不懂的事要向别人求教。

才学[12]　　　cáixué　　　　　　名词

　　　例：才学过人　才学浅薄

　　　　　我们的才学都比不上他。

照样[13]　　　zhàoyàng　　　　　副词

　　　例：虽然天气很冷，但他照样出去跑步。

成才[14]　　　chéngcái　　　　　动词

　　　例：自学成才　成才之路

　　　　　这个孩子既聪明又努力，长大了一定能成才。

带路[15]　　　dài//lù　　　　　　动词

例：你在前面带路。

亲自[16]   qīnzì   副词

例：如果想得到顾客们的原谅，王经理必须亲自去向他们道歉。

补充[17]   bǔchōng   动词

例：补充意见   补充发言   补充教材
刚才没说完，我再补充几句。

告[18]   gào   动词

例：你快去看看吧，他已经告到校长那儿去了。
他要到法院去告李明。

怀疑[19]   huáiyí   动词

例：怀疑别人   怀疑对象   受到怀疑
我怀疑这件事是他做的。

搜查[20]   sōuchá   动词

例：搜查房间   被搜查

称职[21]   chènzhí   形容词

例：不称职   非常称职   称职的医生
她是一名非常称职的汉语老师。

同事[22]   tóngshì   名词

例：同事之间关系都很好。

犯[23]   fàn   动词

例：犯困   犯错误
他的老毛病又犯了。

不要紧[24] bùyàojǐn   形容词

例：这病不要紧，吃点儿药就好了。
路远也不要紧，我们可以坐车去。

承认[25]   chéngrèn   动词

例：承认错误   不敢承认
他承认这件事是他干的，跟别人没关系。

轰动[26]   hōngdòng   动词

例：轰动全国　引起轰动

　　这个消息在当地引起了轰动。

投[27]　　　　tóu　　　　　　动词

　　例：大家把目光投向了窗外。

关注[28]　　guānzhù　　　　动词

　　例：关注事件　引起关注

进展[29]　　jìnzhǎn　　　　动词

　　例：进展缓慢　进展神速　进展情况　有进展

　　　　最近这项工作进展怎么样？

自尊[30]　　zìzūn　　　　　动词

　　例：这件事让他的自尊受到了伤害。

充分[31]　　chōngfèn　　　　形容词

　　例：充分的了解　充分的练习　准备充分

　　　　为了参加这次比赛，他做了充分的准备。

从而[32]　　cóng'ér　　　　连词

　　例：网络技术发展迅速，从而让人与人之间的交流更为方便。

否则[33]　　fǒuzé　　　　　连词

　　例：你放学后一定要早早回家，否则父母会担心的。

课文

诸葛亮求学

　　水镜先生（Shuǐjìng xiān·sheng）是诸葛亮的老师，他在院子里养了一只公鸡，每到中午这只公鸡总要叫三声，水镜先生一听到鸡叫就下课。

　　诸葛亮听课很入迷[1]，每次听到鸡叫就厌烦[2]。后来他在裤子上缝（féng）了一个口袋（kǒu·dai），装上米，感觉那只公鸡要叫时，就悄悄地朝窗外撒³一把米。等公鸡把一口袋米吃完再叫时，课就多上了一个小时。

这样过了几天，师娘天天饿着肚子等水镜先生，因此就抱怨："怎么这么晚？"

"你没听见鸡才叫吗？"水镜先生说。

师娘是个聪明人，知道其中一定有问题。

第二天快到中午的时候，她悄悄来到院子里，只见那只公鸡刚要伸长脖子叫的时候，就有人从窗口撒出一小把米。她走上前，把事情看了个仔细，又悄悄地回家了。

这天水镜先生回来，师娘笑着说："你这个当先生的，还不如小诸葛。"她把刚才看到的情况都告诉了水镜先生。水镜先生一听就生气了："这个学生，竟敢捉弄⁴师长，明天就让他回去！"

诸葛亮走了几天，师娘给他讲情⁵："小诸葛喂鸡也是为了读书，我看就饶⁶他一回吧。"水镜先生知道诸葛亮聪明过人⁷，十分好学，但是一个人的品德也很重要，于是就派人去诸葛亮的家乡暗暗⁸察访（cháfǎng）。

过了几天，那人回来给水镜先生说了两件事：一是诸葛亮的母亲冬天怕冷，他上山割⁹草铺¹⁰在床上，自己先睡上去焐（wù）热了，再让母亲睡。二是诸葛亮以前向一个人求教¹¹时，开口就称"先生"，每天还为"先生"打扫房间；现在，诸葛亮的才学¹²超过了那个人，但诸葛亮还照样¹³称他"先生"，照样为他打扫房间。

水镜先生听完后说："小诸葛长大后一定能成才¹⁴！"马上就让那人带路¹⁵，亲自¹⁶接诸葛亮回来上学。

（根据网络文章改写，作者佚名）

★饿着肚子
他没吃早饭，饿着肚子去了学校。

★我看
我看她挺聪明的。

★先……再……
先做作业再看电视。

阅读课文

绝食捉贼

Xià Miǎnzūn

著名教育家夏丏尊曾经在浙江一师工作，主要负责教导学生。看见学生玩狗，他要唠叨一句："为什么要为难狗？"放假了，学生走出校门，他要在后面喊一句："早些回来，别喝酒啊！"学生走远了，他还要在后面再大声补充[17]一句："少花钱啊！"

因为他什么事儿都管，比自己母亲管得还多，大家就叫他"慈母"。

有一次，一位同学在宿舍里丢了东西，告[18]到夏丏尊那儿，并且说出了怀疑[19]对象，希望夏丏尊去搜查[20]。

夏丏尊一时非常为难，搜查学生房间对学校和学生都不好。可是，学生丢失的东西如果不找回来，就显得他太不称职[21]了。为了找到解决办法，他到处找同事[22]帮忙出主意，结果那些主意要么他不愿意去做，要么没法做。想来想去，最终，他决定来个绝食 (jué // shí) 捉贼。

★要么……要么……
那些衣服要么太贵要么不好看，她一件也没买。

于是，他在宿舍楼外贴了个告示 (gào · shi)，让偷东西的学生赶快前来自首 (zì shǒu)，并说犯[23]了错不要紧[24]，只要承认[25]了就依然是好学生。如果不来自首，便是他的错误，是他没有教育好学生，他愿绝食谢罪 (xiè // zuì)。学生一日不来自首，他便一日不吃饭。

★谢罪：表示向人认错，请求原谅的意思。

此告示一贴出来，立即轰动²⁶全校，所有人的目光都投²⁷到了夏丏尊身上，十分关注²⁸事情的进展²⁹。夏丏尊说到做到，从告示贴出的那一天开始，便一口饭也不吃。最终，那位偷了东西的学生被感化（gǎnhuà）了，主动找到夏丏尊承认错误，并交出了所偷的东西。

★感化：用言行感动人，使之改变。

学生犯错，他十分生气，却又不愿搜查，怕伤害学生的自尊³⁰。绝食的行为，表现出他对学生真正的爱和充分³¹的信任。这份爱和信任最终让学生受到感化，从而³²迷途（mí tú）知返。

★迷途（知返）：迷了路知道回来。比喻发觉自己犯了错误，知道改正。

夏丏尊曾说："教育如果没有情感，没有爱，就像池塘（chítáng）没有水一样。没有水就不成其为池塘，没有爱就没有教育。"

（根据汤园林《绝食捉贼》改写）

会话课文

名人与书

（在学校的图书馆，王佳丽和陈思汉来找刘大伟，发现他趴在桌子上睡着了）

王佳丽：大伟，大伟，醒一醒！

刘大伟：啊，不好意思，我不知不觉就睡着了。

陈思汉：你不是说来看书的吗？怎么睡起觉来了？难道是去请教 周（Zhōu）公（gōng）了？

刘大伟：你就别笑话我了！我也不知道为什么一看书就犯困，你们有什么好办法吗？

王佳丽：你听说过"头 悬 梁 ，锥 刺 股"吗？tóuxuánliáng　zhuī cì gǔ

陈思汉：我知道。＿＿＿＿＿＿＿＿＿＿＿＿＿＿＿＿

王佳丽：对。孙 敬年轻的时候，常常读书到深夜，他把绳子的一头系Sūn Jìng
　　　　在头发上，另一头系在房梁上，这样一打瞌睡就会很疼，就不
　　　　困了。

陈思汉：苏 秦也很厉害，夜里读书想睡觉时，就用锥子刺一下大腿。Sū Qín
　　　　大伟，要不你也试一试？

刘大伟：啊？＿＿＿＿＿＿＿＿＿＿＿＿太疼了，我可下不了手。

王佳丽：你连这点决心都没有还怎么读书啊！你看人家鲁迅先生，曾经
　　　　为了能在寒冷的夜里继续读书，就一边看书一边嚼辣椒，这样jiáo
　　　　就不觉得冷了。

刘大伟：鲁迅先生太伟大了！＿＿＿＿＿＿＿＿＿＿＿我怕辣，连川菜都
　　　　不敢吃，更别提直接吃辣椒啦。

陈思汉：我还听说过这么一个故事，是说一位很有名的学者酷爱读书，kù'ài
　　　　有一次边吃饭边看书，由于太专心了，竟然把馒头伸进了墨汁mò zhī
　　　　里，吃得满嘴墨汁，直到一个朋友来访才发现。＿＿＿＿＿＿lái fǎng

王佳丽：这个故事我也听说过，是著名学者 黄 侃的故事。Huáng Kǎn

刘大伟：这样的故事外国也有。据说大科学家牛 顿有一次一边思考问Niú dùn
　　　　题一边煮鸡蛋，后来掀开锅一看，煮的竟然是自己的怀表。xiān

陈思汉：哈哈哈，太有意思了！你们说，这些名人的趣闻逸事到底是不yì shì
　　　　是真的？

王佳丽：不管这些事是不是真的，但他们勤奋刻苦的精神肯定是真的，qínfèn kè kǔ

chéng jiù
否则[33]也不可能取得那么大的 成 就，成为名人。

刘大伟：你说得太对了！从明天起，我就"头悬梁，锥刺股"！

看下面的句子，可以填在上文哪个合适的地方？

1．有这么回事吗？

2．但是这个方法我用不了，

3．那怎么行？

4．说的是苏秦和孙敬的故事吧？

能说会用

功能 1：求证

说的是……吧？

例：东方明珠？你说的是上海吧？

有这么回事吗？

例：听说机票要涨价，有这么回事吗？

你们说……到底是不是真的？

例：你们说暑假去苏州，到底是不是真的？

功能 2：否定

那怎么行？

例：你受伤了还要参加比赛，那怎么行？

哪是那么回事？

例：哪是那么回事啊？你没亲眼看见，别乱说。

哪敢……啊？

例：我哪敢说你的坏话啊？我是在夸你呢。

请分别使用表示"求证"和表示"否定"的语言功能项目，进行下面的讨论。

问题：（1）"头悬梁，锥刺股"讲的是谁的故事？你会用这种方法吗？

（2）鲁迅看书的时候为什么嚼辣椒？你觉得这个方法怎么样？

（3）你知道黄侃和牛顿的故事吗？

你知道吗

私塾是中国古代家庭、宗族或者教师个人设立的教学场所。私塾产生于春秋时期，一直持续了两千多年。以经费来源区分，一为有钱人家聘请教师在家教学，称坐馆或家塾；二为地方（村）、宗族捐钱和提供场所，请教师教穷人子弟，称村塾、族塾；三为教师私人设馆收费教学生，称学馆、书屋或私塾。学生入学年龄不限，从五六岁至二十岁的都有，其中以十二三岁以下的最多。学生少则一二人，多则可以三四十人。私塾对于启蒙儿童，传播中华传统文化，促进教育事业的发展，起着重要的作用。

经典诵读

Sān rén xíng   bì yǒu wǒ shī yān
三 人 行 ， 必 有 我 师 焉 。

——《论语·述而》

练习

一、请在括号里填上合适的词语，使之句意完整

暗暗（　　　）　　　怀疑（　　　　）　　　（　　　　）过人

亲自（　　　）　　　补充（　　　　）　　　捉弄（　　　　）

承认（　　　）　　　犯（　　　　）　　　求教（　　　　）

关注（　　　）　　　搜查（　　　　）　　　割（　　　　）

二、写出下列词语的近义词或反义词

1. 写出近义词

厌烦＿＿＿＿＿＿＿　　　　暗暗＿＿＿＿＿＿＿　　　　照样＿＿＿＿＿＿＿

才学＿＿＿＿＿＿　　　　　关注＿＿＿＿＿＿＿　　　　不要紧＿＿＿＿＿＿＿

2. 写出反义词

勤奋＿＿＿＿＿＿　　　　　怀疑＿＿＿＿＿＿＿　　　　承认＿＿＿＿＿＿＿

厌烦＿＿＿＿＿＿　　　　　聪明＿＿＿＿＿＿＿　　　　主动＿＿＿＿＿＿＿

三、把下列词语按正确的顺序排成句子

1. 就　你　了　这　饶　一　他　吧　回

＿＿＿＿＿＿＿＿＿＿＿＿＿＿＿＿＿＿＿＿＿＿＿＿＿＿＿＿＿＿＿

2. 放假　虽然　照样　每天　了　但是　起床　他　六点

＿＿＿＿＿＿＿＿＿＿＿＿＿＿＿＿＿＿＿＿＿＿＿＿＿＿＿＿＿＿＿

3. 就　上课　他　犯困　一　不　为什么　知道

＿＿＿＿＿＿＿＿＿＿＿＿＿＿＿＿＿＿＿＿＿＿＿＿＿＿＿＿＿＿＿

4. 在　有　才能　他　过人　着　的　方面　计算机

＿＿＿＿＿＿＿＿＿＿＿＿＿＿＿＿＿＿＿＿＿＿＿＿＿＿＿＿＿＿＿

5. 老师　非常　是　称职　一　的　位　她

＿＿＿＿＿＿＿＿＿＿＿＿＿＿＿＿＿＿＿＿＿＿＿＿＿＿＿＿＿＿＿

6. 全班　都　他　为　同学　向　讲情　老师

＿＿＿＿＿＿＿＿＿＿＿＿＿＿＿＿＿＿＿＿＿＿＿＿＿＿＿＿＿＿＿

7. 我　他　这　是　怀疑　的　件　事　干

＿＿＿＿＿＿＿＿＿＿＿＿＿＿＿＿＿＿＿＿＿＿＿＿＿＿＿＿＿＿＿

8. 消息　全国　夺冠　他　的　轰动　顿时

＿＿＿＿＿＿＿＿＿＿＿＿＿＿＿＿＿＿＿＿＿＿＿＿＿＿＿＿＿＿＿

9. 亲自　你　请　得　他　去　他　不　否则　来

＿＿＿＿＿＿＿＿＿＿＿＿＿＿＿＿＿＿＿＿＿＿＿＿＿＿＿＿＿＿＿

10. 支持　我　的　今天　取得　离不开　成就　和　的　帮助　大家

_____

四、我的词语故事

分成几个小组，每个小组从"开心词典"里面任选5～10个词，利用这些词语讲故事。

五、用指定词语完成句子

1. 我们七点之前必须出发，_____。（否则）
2. 如今科学技术越来越发达，_____。（从而）
3. 听说云南好玩的地方很多，_____。（要不）
4. _____，我们还是去别的地方看看吧。（要么……要么……）
5. 我帮你办不了银行卡，_____。（亲自）
6. 如果想参加这次活动，_____。（先……再……）
7. _____，你觉得呢？（我看）
8. _____，没有人会笑话你。（不要紧）

六、根据课文内容判断下列句子对错

1. 每天中午听见鸡叫水镜先生就下课。　　　　　　　　　（　　）
2. 小诸葛不喜欢听水镜先生讲课。　　　　　　　　　　　（　　）
3. 小诸葛很喜欢那只公鸡，所以喂米给它吃。　　　　　　（　　）
4. 水镜先生一开始不知道每天多上了一个小时课。　　　　（　　）
5. 师娘发现小诸葛做的事情后非常生气。　　　　　　　　（　　）
6. 水镜先生赶走小诸葛是因为他捉弄师长。　　　　　　　（　　）
7. 师娘希望水镜先生再给小诸葛一次机会。　　　　　　　（　　）
8. 小诸葛十分孝顺母亲。　　　　　　　　　　　　　　　（　　）
9. 小诸葛替别人打扫房间，赚钱养家。　　　　　　　　　（　　）
10. 小诸葛不但聪明好学，而且品德好。　　　　　　　　（　　）

七、根据课文内容回答下列问题

1．诸葛亮为什么要偷偷地喂鸡吃米？
2．小诸葛的秘密是怎么被发现的？
3．水镜先生为什么要把小诸葛赶走？
4．水镜先生后来为什么又亲自把小诸葛接回来了？
5．你觉得诸葛亮的品德怎么样？为什么？

八、写作

你知道哪些关于名人读书的故事？请写一篇短文与大家分享。

第三单元

美
风 光
丽

第七课

话说长城

1. 你听说过长城吗？请说说你心中的长城。

2. "不到长城非好汉"是什么意思？你同意这种说法吗？

开心词典

| 人造[1] | rénzào | 形容词 |

例：人造卫星　人造景观

| 建筑[2] | jiànzhù | 名词 |

例：古老的建筑　美丽的建筑　许多建筑

| 长久[3] | chángjiǔ | 形容词 |

例：长久的计划　长久居住

这种情况是不会长久的。

| 争论[4] | zhēnglùn | 动词 |

例：争论不休　经常争论　争论得很激烈　争论焦点

显示[5]　　　　xiǎnshì　　　　　　动词

例：显示实力　显示真面目

轮廓[6]　　　　lúnkuò　　　　　　名词

例：人体轮廓　楼房的轮廓　山的轮廓　轮廓清晰

围绕[7]　　　　wéirào　　　　　　动词

例：孩子们围绕在奶奶身边听故事。

月亮围绕地球转。

话题[8]　　　　huàtí　　　　　　　名词

例：转移话题　换个话题

围绕爱情这个话题，大家展开了热烈的讨论。

再度[9]　　　　zàidù　　　　　　　副词

例：再度牵手　再度破裂

这个生词再度出现。

澄清[10]　　　　chéngqīng　　　　动词

例：澄清事实　澄清真相　无法澄清

分析[11]　　　　fēnxī　　　　　　　动词

例：分析问题　深入分析　认真分析

窄[12]　　　　zhǎi　　　　　　　形容词

例：路很窄　知识面窄

这个地方太窄，车过不去的。

【反】宽　kuān

可想而知[13]　kěxiǎng'érzhī

例：可想而知，在比赛场上我有多么紧张。

晴朗[14]　　　　qínglǎng　　　　　形容词

例：晴朗的天空

今天的天气很晴朗，没有一丝云。

赞同[15]　　　　zàntóng　　　　　动词

例：赞同做法　赞同意见　赞同决定

我赞同你的看法。

借助[16] jièzhù 动词

  例：借助词典　借助……力量
      要想看到很远的东西，就得借助望远镜。

似乎[17] sìhū 副词

  例：他似乎明白了。
      小明似乎不认识我了。

疑问[18] yíwèn 名词

  例：产生疑问　解答疑问

不容置疑[19] bùróng-zhìyí

  例：地球围绕太阳转，这是不容置疑的。

奇迹[20] qíjì 名词

  例：出现奇迹　十大奇迹　创造了奇迹
      长城真是个奇迹！

位于[21] wèiyú 动词

  例：位于……中间　位于……北部
      广州位于中国的南部。

保存[22] bǎocún 动词

  例：长久保存　好好保存　保存起来
      保存文件　保存史料　及时保存

耗费[23] hàofèi 动词

  例：耗费了许多精力

延误[24] yánwù 动词

  例：航班延误　延误了一个小时
      因为下大雨，飞机延误了。

勤劳[25] qínláo 形容词

  例：勤劳的人　勤劳地工作　工作很勤劳
  【反】懒惰　lǎnduò

实践[26] shíjiàn 动词

例：实践经验　实践活动　实践出真知

努力实践　勇于实践

雄伟[27]　　　　xióngwěi　　　　　　形容词

例：气势雄伟　雄伟的天安门

大金字塔非常雄伟。

课文

从太空能看到长城吗？

中国的长城经常被认为是唯一能从**太空**(tài kōng)看清的**人造**[1]**建筑**[2]。但**长久**[3]以来，人们对能否从太空看到长城这个问题一直**争论**[4]不休。

美国**宇航局**(yǔ háng jú)的太空网站曾公开了一张十分珍贵的照片，这张照片是欧洲太空总署的一颗**卫星**(wèi xīng)拍到的，它清晰地**显示**[5]出长城的**轮廓**[6]。但是，中国宇航员**杨利伟**(Yáng Lì wěi)在被问到是否在太空看到了长城时，他认真地回答："从太空看**地球**(dì qiú)非常美，但我没有看到我们的长城。"

杨利伟的这番话使得**围绕**[7]"从太空能否看到长城"这一**话题**[8]的讨论**再度**[9]热烈起来，很多专家站出来**澄清**[10]说，从太空用肉眼看到长城是根本不可能的事。

然而，有些美国宇航员则坚称，从太空看到长城的确是件困难的事，但只要时间和飞船的**高度**(gāo dù)、轨道

★对……

对这件事情，我没什么可说的。

★能否

我不知道他能否回答这个问题。

★从……看

从水中看月亮，就像伸手可以摸到一样。

合适，长城还是可以看到的。美国宇航员尤金·塞尔（Yóu jīn Sài ěr）

南（nán）就肯定地表示："在高度为 160 到 320 公里的地球

轨道上，中国的长城的确可以用肉眼（ròuyǎn）看到。"

中国一些专家分析[11]认为，长城虽然很长，但很窄[12]，从太空看窄窄的长城，就像从远处看一根头发丝，结果可想而知[13]。可是，据美国的一些宇航员解释，从太空看长城，和从远处看头发丝完全是两回事。

长城建在山脊（shān jǐ）上，如果天气晴朗[14]，太阳西斜之时，

长城会出现长长的影子，这就加大了它的"宽度（kuān dù）"，在影子的帮助下，从太空用肉眼看到长城就不是不可能了。

国际空间站的科学官埃德·刘（Āi dé Liú）也赞同[15]塞尔南的观点："你可以看到长城，当然，看到长城要比看到其他一些物体困难得多。但从太空你可以看到许多东西，尤其是借助[16]望远镜（wàng yuǎn jìng），你还可以看到大金字塔（Jīn zì tǎ）。"

现在可以肯定地说，用合适的仪器是可以发现长城的，但从太空用肉眼能否看到长城似乎[17]还有疑问[18]。不过，有一点是不容置疑[19]的：长城是人类历史上最伟大的奇迹[20]之一。

（根据网络文章改写，作者佚名）

思考："这"指的是什么？

★ 在……下
在妈妈的照顾下，她长得很健康。

★ 可以肯定地说
可以肯定地说，高铁的时速能够达到350公里/小时。

★ 有一点是……的
有一点是她不喜欢的：学校要求学生6点起床。

阅读课文

嘉峪关的传说

★要塞：在军事上有重要意义的地方。

★美誉：美好的声誉。

★至今
他离家以后，至今没有来信。

★当……时
当夏天来时，天就会热起来。

嘉峪关位于[21] 甘肃省（Gān sù）嘉峪关市（Jiā yù guān），是明代（Míng dài）万里长城的西端起点，也是古代"丝绸之路"的交通要塞（jiāo tōng yào sài），至今已有六百多年的历史了。嘉峪关是明代长城沿线保存[22]最完好、规模最壮观的关城，一直就享有"雄关"的美誉（měi yù）。

自古以来，有关嘉峪关的传说非常多，其中有一个关于"冰道运石"的传说，一直流传至今（liú chuán zhì jīn）。

据说，当初修建嘉峪关城时，需要成千上万块长2米、宽0.5米、厚0.3米的石条，于是官方派了大批工匠去山上开凿（kāi záo）石头。工匠们在山中将石条凿好后，却发现石条太重，人抬不起，车拉不动，而且山高路远，无法运输。如果一块一块搬运，不仅要耗费[23]大量的人力物力，而且还不知道要运到什么时候。眼看冬天就要到了，石条还没有从山里运出一块，如果再不想办法把石条运出去，就要耽误工期了。正当大家不知怎么办时，忽然天上一声闷雷，从云中飘下一条白色的丝绸手帕（shǒu pà），工匠们赶紧跑过去接住，只见上面写着几行字。大家仔细看过之后，立刻恍然大悟，十分高兴，便按照上面所讲的方法去做。等到冬季到来后，众人赶紧修了一条路，从山上一直通到嘉峪关城下，然后在路面上泼水。由于天气寒冷，水很快结成了冰，这条路就变成了一条光滑的冰道。大家把石条放在冰道上滑行运输，非常轻松地就把石条运到了嘉峪关城下。最后，不但没有延误[24]工期，反而节省了不少时间和劳动力。

难道真的有神仙帮助那些工匠吗？当然不是。这个美丽的传说其实反映了古代中国人民的勤劳[25]与智慧，他们在长期的劳动实践[26]中积累了大量的宝贵经验和精神财富。正是因为他们，才有了雄伟[27]壮观的万里长城和辉煌灿烂的中华文化。

（根据网络文章改写，作者佚名）

★由于

由于成绩好，他获得了奖学金。

★难道……吗？

难道你不爱自己吗？

会话课文

应不应该修长城？

（课堂上李老师组织了一场关于长城意义的讨论，大家正积极地发表自己的看法）

李老师：同学们，今天讨论的题目是"长城的意义"。大家这几天都查阅了相关的资料，下面，你们就说说自己的看法。

王佳丽：我想先说说我的亲身感受，因为我去过长城，它确实非常雄伟、壮观，难怪大家都说"不到长城非好汉"！

陈思汉：_____长城就像一条巨龙，代表了中华民族的精神和力量。

罗志龙：我不同意你们的说法。长城是很雄伟，可为了修长城，花费了很多钱财，也牺牲了很多人，太不值得了！

刘大伟：是的！而且我看到有人说，长城就像一堵墙，把中国封闭了起来，不是一种自信和开放的姿态（zī tài），不能代表中华民族的精神。

陈思汉：＿＿＿＿＿＿＿＿＿＿修长城也是为了保护国家和人民。

罗志龙：＿＿＿＿＿＿＿＿＿＿＿＿明朝花了那么多钱修长城，清军来进攻（jìn gōng），还是没挡住。所以，只靠长城是保护不了国家的。

陈思汉：虽然你说的都是事实，＿＿＿＿＿＿＿＿＿＿不说别的，光从建筑来说，长城就是一件伟大的艺术品！

王佳丽：＿＿＿＿＿另外，长城见证了中国两千多年来的历史变迁，它已经不是一座简单的建筑，更多的是一种精神和象征。老师，您说呢？

李老师：看来为了这次讨论，大家做了充分的准备。你们说的都有道理。修长城有好处也有坏处，不能简单地说是对还是错。在今天，保护长城不仅是为了保护这个建筑，更重要的是保护历史，让后来的人不要忘记历史，能有一个更好的未来。

罗志龙：老师您说得太好了！同学们，有机会我们一起去爬一次长城，怎么样？

同学们：好！

看下面的句子，可以填在上文哪个合适的地方？

1. 不能这么说吧！

2. 你说得很对！

3. 可是你看历史上，长城什么时候真正保护了国家和人民？

4. 的确如此！

5. 但我还是不能完全同意你的观点。

能说会用

功能 1：支持

你说得很对

例：你说得很对，在广州是要随时带雨伞。

是的

例：是的，冬天应该去哈尔滨看看雪。

的确如此

例：的确如此，在热带能经常看到彩虹！

您说得太好了！

例：您说得太好了！学语言就是要练！练！练！

功能 2：反对

我不同意……

例：我不同意你的看法，长城挡不住敌人。

不能这么说吧

例：不能这么说吧，科技发展了是有好处，但是，科技也会带来一些不好的。

虽然……，但我还是不能……

例：虽然你说得有道理，但我还是不能接受你的意见。

☞请分别使用表示"支持"和表示"反对"的语言功能项目，进行下面的讨论。

问题：（1）长城在建筑史上是一个奇迹，你同意吗？为什么？

（2）对于历史古迹，有人从有用和没有用的角度判断，你同意吗？

（3）说说你们自己国家的著名建筑，那些建筑美吗？为什么？

你知道吗

"万里长城永不倒"是一种夸张的说法，但是，长城经历了千年的风雨，还是挺立在山峰上，的确是个奇迹。长城为什么那么坚固呢？现在的楼房，大多是用水泥把砖黏合在一起的。可是，古代并没有水泥，人们是用什么把砖黏合起来的呢？一些研究表明，古代的"水泥"是这样的：黏土＋糯米汁＋石灰＋鸡蛋清。要修长城，得需要多少鸡蛋啊！所以，用鸡蛋清的可能性不大。但是，"糯米汁"是有的。实验表明北方长城的黏合物里，有类似"糯米汁"的物质，可以提高黏性，让长城更牢固。看来，人类的智慧是无穷的！

经典诵读

Bù dào cháng chéng fēi hǎo hàn
不 到 长 城 非 好 汉。

——毛泽东《清平乐·六盘山》

练习

一、请在括号里填上合适的词语，使之词意完整

人造（　　　）	交通（　　　）	流传（　　　）
轮廓（　　　）	澄清（　　　）	赞同（　　　）
保存（　　　）	延误（　　　）	分析（　　　）
经验（　　　）	实践（　　　）	姿态（　　　）

二、写出下列词语的近义词或反义词

1. 写出近义词

长久_____　　　争论_____　　　疑问_____

2．写出反义词

延误＿＿＿＿＿＿　　　　　赞同＿＿＿＿＿＿　　　　　勤劳＿＿＿＿＿＿

窄　＿＿＿＿＿＿　　　　　晴朗＿＿＿＿＿＿　　　　　进攻＿＿＿＿＿＿

三、把下列词语按正确的顺序排成句子

1．宝石　人造　许多　很　漂亮　都

＿＿＿＿＿＿＿＿＿＿＿＿＿＿＿＿＿＿＿＿＿＿＿＿＿＿＿

2．国家　我们　古老　建筑　有　的　多　非常

＿＿＿＿＿＿＿＿＿＿＿＿＿＿＿＿＿＿＿＿＿＿＿＿＿＿＿

3．问题的　对　争论　有助于　真相　发现

＿＿＿＿＿＿＿＿＿＿＿＿＿＿＿＿＿＿＿＿＿＿＿＿＿＿＿

4．喜欢　没有　不　孩子　诚实的　人　会

＿＿＿＿＿＿＿＿＿＿＿＿＿＿＿＿＿＿＿＿＿＿＿＿＿＿＿

5．发言　他的　掌声　热烈的　赢得了　大家

＿＿＿＿＿＿＿＿＿＿＿＿＿＿＿＿＿＿＿＿＿＿＿＿＿＿＿

6．可想而知　长城　修　艰难　多么　是　古代

＿＿＿＿＿＿＿＿＿＿＿＿＿＿＿＿＿＿＿＿＿＿＿＿＿＿＿

7．不赞同　我　说法　你的　很　这种

＿＿＿＿＿＿＿＿＿＿＿＿＿＿＿＿＿＿＿＿＿＿＿＿＿＿＿

8．不容置疑　事实　那里　放在　的　是

＿＿＿＿＿＿＿＿＿＿＿＿＿＿＿＿＿＿＿＿＿＿＿＿＿＿＿

9．位于　北京　中国的　北部　首都

＿＿＿＿＿＿＿＿＿＿＿＿＿＿＿＿＿＿＿＿＿＿＿＿＿＿＿

10．传说　美丽的　至今　流传　这个　在　民间　还

＿＿＿＿＿＿＿＿＿＿＿＿＿＿＿＿＿＿＿＿＿＿＿＿＿＿＿

四、使用括号里面的词语模仿造句

1．星期天你能否来？（能否）

＿＿＿＿＿＿＿＿＿＿＿＿＿＿＿＿＿＿＿＿＿＿＿＿＿＿＿

2. 对他的赞美，已经很多很多了。（对）

_____

3. 太阳从西边升起，是不可能的事。（不可能）

_____

4. 如果坚持练习，游好自由泳不是不可能。（不是不可能）

_____

5. 窗台上养了许多花，其中有一盆兰花。（其中）

_____

6. 当我不开心时，我就去运动。（当……时）

_____

7. 难怪她舞跳得那么好，原来已经练了十年了！（难怪）

_____

8. 不说别的，只是看一眼，你就会喜欢上她！（不说别的）

_____

9. 从菜的种类来说，广州的食物真丰富。（从……来说）

_____

10. 由于我喜欢吃肉，所以有点儿胖。（由于……）

_____

五、根据课文内容判断下列句子对错

1. 对能否从太空看到长城这个问题大家的意见是一样的。　　（　　）

2. 美国宇航局的卫星拍摄到了一张照片，能显示出长城。　　（　　）

3. 杨利伟说他在太空没有看到长城。　　（　　）

4. 很多专家认为在太空能用肉眼看到长城。　　（　　）

5. 中国专家认为，从远处看长城像头发丝。　　（　　）

6. 长城建在山顶上。　　（　　）

7. 美国专家认为在一定轨道上，长城可以用肉眼看到。　　（　　）

8. 国际空间站的专家认为借助望远镜，可以看到金字塔。　　（　　）

9. 作者认为，能否从太空用肉眼看到长城不存在争议。　　（　　）

10．大家都认为，长城是人类的奇迹之一。　　　　　　（　　）

六、根据课文内容回答下列问题

1．长城是唯一能从太空看清的人造建筑吗？

2．大家对什么问题争论不休？

3．为什么说美国宇航局公开的照片是珍贵的？

4．长城是人类历史上最伟大的奇迹之一，你还知道别的奇迹吗？

5．你知道杨利伟的故事吗？请说一说。

6．你相信"冰道运石"的传说吗？为什么？

7．你听说过"孟姜女哭长城"的故事吗？请讲一讲。

8．有将近三分之一的长城在消失，请讨论一下有什么办法可以保护长城。

七、写作

你们国家也有一些历史久远的建筑，请简单地写一则短文介绍它。

第八课

建筑掠影

1. 你觉得图片上是什么?
2. 哪里的房屋给你留下的印象最深?

开心词典

客家[1]	Kèjiā	名词

    例:客家人 客家话

       客家的建筑很特别。

样式[2]	yàngshì	名词

    例:样式美观 样式新颖 各种样式

乘凉[3]	chéng//liáng	动词

    例:夏天的傍晚,大家喜欢在院子里乘凉。

作用[4]	zuòyòng	名词

    例:副作用 起作用 作用不大

小孩子吃过药就不发烧了，看来药起作用了。

稍微[5] shāowēi 副词

例：稍微晚了点儿。

稍微放点糖就好吃了。

【同】稍许 shāoxǔ

例：稍许努力一点儿，就能得冠军了。

交错[6] jiāocuò 动词

例：枝叶交错 纵横交错

树林中小路交错，很容易迷路。

转悠[7] zhuàn·you 动词

例：乱转悠 转悠了很久

他无事可做，就在街上转悠。

无意[8] wúyì 副词

例：无意中发现

我无意中打碎了花瓶。

惹[9] rě 动词

例：那条狗很凶，别惹它！

他很调皮，常到处惹事。

恼火[10] nǎohuǒ 形容词

例：大为恼火 非常恼火

车被撞坏了，他非常恼火。

实际上[11] shíjì·shàng 副词

例：她说听懂了，实际上没有懂。

它看起来二十四五岁，实际上已经三十多岁了。

责怪[12] zéguài 动词

例：责怪别人

是我没说清楚，不能责怪他。

关键[13] guānjiàn 形容词

例：关键问题 关键时刻 关键原因

曲折[14]　　qūzhé　　　　　形容词

　　　　例：曲折的山路　情节曲折　惊险曲折
　　　　　　山上有一条曲折的小路。

　　【反】笔直　bǐzhí

回环[15]　　huíhuán　　　　动词

　　　　例：溪水回环流动。

相遇[16]　　xiāngyù　　　　动词

　　　　例：意外相遇　偶然相遇
　　　　　　我们能够相遇，是非常幸运的。

才华[17]　　cáihuá　　　　　名词

　　　　例：有才华　非同一般的才华　才华不凡
　　　　　　他是个才华出众的学生。

高超[18]　　gāochāo　　　　形容词

　　　　例：技术高超　见解高超
　　　　　　他开车的水平相当高超。

技艺[19]　　jìyì　　　　　　名词

　　　　例：普通的技艺　技艺非凡　技艺高超
　　　　　　他绘画的技艺很了不起。

宽广[20]　　kuānguǎng　　　形容词

　　　　例：宽广的原野　胸怀宽广　眼界宽广　宽广无比
　　　　　　比海洋宽广的是天空，比天空宽广的是人的胸怀。

　　【反】狭窄　xiázhǎi

了不起[21]　liǎo·buqǐ　　　形容词

　　　　例：很了不起　了不起的成就
　　　　　　爱迪生是一位非常了不起的发明家。
　　　　　　作为文学家，屈原是了不起的。

　　【反】平凡　píngfán

传播[22]　　chuánbō　　　　动词

例：传播花粉　传播消息　文化传播
　　印刷术的产生加快了知识的传播。

幸运[23]　　xìngyùn　　　　形容词

例：幸运中奖　幸运观众　幸运号码　真幸运
　　买彩票得了头等奖，真够幸运的。

【反】倒霉　dǎo//méi

挑选[24]　　tiāoxuǎn　　　　动词

例：挑选人才　经过挑选　仔细挑选
　　买衣服的时候，你要好好挑选。

沉思[25]　　chénsī　　　　　动词

例：陷入沉思　沉思了一阵儿
　　沉思了很久，他终于说话了。

开放[26]　　kāifàng　　　　　动词

例：百花开放　公园开放　不断开放
　　改革开放，给社会带来了许多好处。

【反】封闭　fēngbì

仍然[27]　　réngrán　　　　　副词

例：半个月过去了，仍然没有他的消息。

课文

围屋的记忆

围屋，是客家[1]非常有特色的民居（mín jū）建筑，又被称为围龙屋、转龙屋等。围屋的形状分为：同心圆形、半圆形、椭圆形等，大多是一层一层向外排开。围屋的样式[2]很有特点：大门前必有一块禾坪和一个半月形池塘，禾坪用于晒谷、乘凉[3]等，池塘有蓄水、养鱼、防火、防旱的作用[4]。围屋里头就像是一个独立的世界，即使不离开围屋，照样可以生活，比如玩耍、休息、聊天、商量事情等。

我从出生起，就生活在围屋中。小时候，几个伙伴常常聚在一起，在弄堂里玩捉迷藏（zhuō mí cáng）。有时候，我们走得稍微[5]远一些，竟然找不到回家的路。最后，大人们又好气又好笑（hǎoxiào）地把我们领回家。

在围屋交错[6]的巷道（hàngdào）里迷路的，不仅是我们小孩子，也会有大人。

我曾听过这样一个笑话：夏天的正午，特别热。一个大婶从田里回来，一边给孩子喂奶，一边烧饭。突然发现家里的猪不见了，急忙去寻找。不料，一个补锅的师傅刚好进村了，头上扣着铁锅，高声吆喝着"补锅呵……"在小巷里转悠[7]。两个人无意[8]中在不同的巷子里碰（pèng）了好几次面（miàn）。每转过一条巷子，师傅都走上前，礼貌地问一句："大嫂要补锅吗？"惹[9]得大嫂非常恼火[10]，于是两人大吵起来。实际上[11]真的不能责怪[12]他们，一个是心里有事，非常着急；一个是铁锅遮挡了眼睛，看不清对方，所以才会造成这样的误会。其中最关键[13]的原因，还是巷子曲折[14]回环[15]，才让他们一次又一次地相遇[16]。

这种曲折回环，正是围屋的特色之一。它极大地提高了围屋的防御（fáng yù）功能。可以说，围屋的设计不仅是科学的，而且是实用的。它体现了客家先人（xiānrén）的才华[17]和高超[18]技艺[19]。

★从……起
从上小学起，我们就是好朋友了。

★不仅……也……
这不仅是我的意见，也是他的意见。

★每……都
每看见她，她都是微笑的。

★一……又一……
一天又一天
一遍又一遍
★防御：防守。
★可以说
可以说，她像妈妈一样关心我们。

如今，客家人已经走出围屋，走向了更宽广[20]的世界。但是，围屋作为一种独特的景观依然存在着。

（根据山水耕夫《围屋的记忆》改写）

★如今

如今，我们不能再用老眼光看待问题了。

阅读课文

文化奇迹——天一阁

如果你去江南旅游，一定不要错过宁波（Níng bō）的天一阁。

天一阁是世界上最早的三大家族图书馆之一，距今已有四百多年的历史。

★……大……之一

三大名人之一

四大名著之一

实际上，它已经成为很了不起[21]的文化奇迹。

中华民族创造了美丽的汉字，又创造了纸和印刷术。本来可以迅速地印出许许多多的书，使华夏（Huáxià）文明广泛传播[22]。但是，战火不断地焚烧（fénshāo）着纸页，这些书便不能很好地保存下来。

★焚烧：用火烧。

幸运[23]的是，1561年，范钦（FànQīn）来到了宁波。他经过几十年的准备和努力，在宁波的湖边建起了天一阁。中国所留下的一部分书籍，终于找到了一所可以保存它们的房子。

★幸运的是

楼房着火了，幸运的是，他及时逃了出来。

1585年，80岁的范钦就要走到生命尽头了，他把两个孩子叫到跟前，安排遗产（yí chǎn）继承。老人把遗产分成了两份，一份是万两白银，一份是一楼藏书，让他们挑选[24]。大儿子范大冲（Fàn Dàchōng）立即开口，表示愿意继承

★就这样

　就这样，我来到了中国。

★没完没了

　她说起话来，没完没了。

藏书楼。就这样，一场没完没了的接力^{jiē lì}赛开始了。从范钦到范大冲，从范大冲到他的儿子……天一阁一代一代地传了下来。

伴随着藏书楼，被继承的还有严格^{yán gé}的规定：不准随意登楼！不许随便借书！明代有位姑娘叫钱绣芸^{Qián Xiùyún}，酷爱读书。为了能登楼读点书，竟然嫁到了范家。但她万万没有想到，自己做了范家媳妇后还是不能登楼，

★为……而……

　为事业而奋斗

　有的人为信仰而献身。

最后，为此郁闷^{yù mèn}而死。

　钱绣芸的死让范家人陷入了深深的沉思[25]：藏书的目的是什么？如果不许阅读，这些书又有什么用？

　就在此时，大学者^{xué zhě}黄宗羲^{Huáng Zōng xī}先生想登楼看书，

★从此：从一个时间开始。

　从此，我才学会了感激。

★后来

　后来，他感觉到自己错了。

出乎意料的是，范氏家族同意了！黄宗羲翻阅了全部藏书，写了《天一阁藏书记》。从此，天一阁才进入相对开放[26]的时期，但仍然[27]只有极少数真正的大学者才会被允许登楼看书。

　后来，到乾隆^{Qián lóng}皇帝决定编《四库全书^{Sì kù Quán shū}》时，天一阁提供了600多种珍贵的古代书籍。天一阁因此名声^{míngshēng}大振。

（根据余秋雨《风雨天一阁》改写）

咱们一起游泰山

刘大伟：佳丽，听说"十一"假期学校会放七天假。

王佳丽：嗯，我也听说了。

刘大伟：你有什么打算？

王佳丽：我想去山东旅行。

刘大伟：是去青岛吗？

王佳丽：不是，这次我先去曲阜（Qǔ fù），然后去泰安（Tài'ān）。

刘大伟：这两个地方都有什么好玩的，我想了解一下，快给我介绍介绍。

王佳丽：曲阜是孔子的家乡，去那儿可以参观"三孔"。

刘大伟："三孔"？

王佳丽：＿＿＿＿＿＿＿＿＿＿　孔府（Kǒng fǔ）是孔子后裔（hòu yì）居所，孔庙（Kǒngmiào）是中国最大的祭祀（jì sì）孔子的地方，孔林（Kǒng lín）是孔子和他后代的墓园。"三孔"历史悠久，规模宏大，文化深厚，非常值得参观。

刘大伟：那泰安呢？

王佳丽：去泰安登泰山呀！泰山是"五岳"之一。＿＿＿＿＿＿＿＿中国的五座名山，有东岳泰山（Tài shān）、西岳华山（Huà shān）、北岳恒山（Héng shān）、中岳嵩山（Sōngshān）和南岳衡山（Héngshān）。听说这五座山景色各异，所以人们常说"五岳归来不看山"。

刘大伟：那泰山有什么特点？

王佳丽：泰山非常雄伟，＿＿＿＿＿＿＿＿＿＿＿＿＿＿＿

刘大伟：由此看来，是不是可以用"高大上"来形容泰山啊？

王佳丽：哈哈……还是你会形容。所以，泰山是值得去的，可是因为泰山又高又险，不是谁都能爬到山顶的。

刘大伟：哦？爬山可是我的最爱，你这么一说，我倒是很想跟你走一趟。

王佳丽：好哇，思华、思汉、玉兰、丽珍他们也去，咱们人多一点儿，玩儿起来会更开心的！

刘大伟：太好了！＿＿＿＿＿＿＿＿，我还有点儿事，＿＿＿＿＿＿

王佳丽：再见！

看下面的句子，可以填在上文哪个合适的地方？

1. "三孔"是孔府、孔庙和孔林的统称。
2. 所以也有人说"泰山如坐"。
3. 今天先聊到这儿
4. "五岳"指的是
5. 先走了！

能说会用

功能1：开始话题

听说……

例：我听说你去过北京，你给我介绍介绍。

我想了解一下……

例：我想了解一下，现在大学毕业生好不好找工作？

你最近没……吗

例：我最近带孩子去游乐场玩了，人特别多。你最近没去哪里玩吗？

功能2：结束交谈

到此为止

例：今天的讨论到此为止吧。

就这样吧

例：关于明年的计划就这样吧。

今天先聊到这儿吧

例：我还有别的事情，今天先聊到这儿吧。

☞请分别使用表示"开始话题"和表示"结束交谈"的语言功能项目，进行下面的讨论。

问题：（1）介绍一道中国菜，比如：鱼香肉丝。

　　　（2）介绍一个风景点，比如：故宫、西湖。

你知道吗

客家人的祖先是中原人，是从中原迁徙到南方的，是汉民族在中国南方的一个分支。客家文化一方面保留了中原文化的主要特征，另一方面又容纳了所在地民族的文化精华。

有人说：有中国人的地方就有客家人。

还有人说：哪里有阳光，哪里就有客家人；哪里有一片土，客家人就在哪里聚族而居，艰苦创业，繁衍后代。

由于客家人行走天下，移民世界，且在海外商界有很多成功者，因此有"东方犹太人"之称。

经典诵读

Dú wàn juàn shū xíng wàn lǐ lù
读 万 卷 书，行 万 里 路。

——董其昌《画禅室随笔·卷二》

练习

一、请在括号里填上合适的词语，使之词意完整

样式（ ）	作用（ ）	（ ）相遇
无意（ ）	惹 （ ）	（ ）恼火
关键（ ）	技艺（ ）	传播（ ）
（ ）挑选	（ ）高超	（ ）宽广

二、写出下列词语的近义词或反义词

1. 写出近义词

责怪_____	关键_____	相遇_____
稍微_____	挑选_____	沉思_____

2. 写出反义词

无意_____	曲折_____	恼火_____
幸运_____	开放_____	宽广_____

三、把下列词语按正确的顺序排成句子

1. 样式　家具　漂亮　很　种　这　牌子　的

_____

2. 大家　夏天　乘凉　在公园里　经常

_____

3. 怎样　传播　自己　才能　国家　文化　的

_____

4. 商场　经常　她　转悠　周末　时候　的　去

_____

5. 发现了　秘密　他的　无意中　我

_____

6. 惹 他 不要 不开心 千万 你

_____

7. 我们 自己 爱 很 实际上 的 家乡

_____

8. 找到 关键 问题 重要 非常 如何

_____

9. 是 很有 他 学生 才华 的 的确 一个

_____

10. 很 你 了不起 吗 觉得 自己

_____

四、我的词语故事

分成几个小组，每个小组从"开心词典"里面任选5～10个词，利用这些词语讲故事。

五、使用括号里面的词语模仿造句

1. 即使天不下雨，我也不去爬山。（即使）

_____

2. 从儿时起，我们就是邻居。（从……起）

_____

3. 游泳池不仅没有凳子，也没有遮阳伞。（不仅……也……）

_____

4. 每到端午节，我们都吃粽子。（每……都……）

_____

5. 实际上，我不喜欢冬天。（实际上）

_____

6. 可以说，泰山的风景非常独特。（可以说）

_____

7. 如今，你可以在网上随意购物。（如今）

_____

8. 本来我打算去欧洲的，可是，护照过期了。（本来）

_____

9. 幸运的是，在车祸中他没有受伤。（幸运的是）

_____

10. 后来，我们成了好朋友。（后来）

_____

六、根据课文内容判断下列句子对错

1. 围屋又叫围龙屋。 （　　）
2. 围屋的形状只有三种。 （　　）
3. 围屋前面一定有一个池塘。 （　　）
4. 围屋不是一个独立的世界。 （　　）
5. 我不在围屋里出生。 （　　）
6. 在围屋内，我和小伙伴不会迷路。 （　　）
7. 大人不会在围屋里迷路。 （　　）
8. 曲折回环，是围屋的一个特点。 （　　）
9. 曲折回环，可以更好地保护住在围屋的人。 （　　）
10. 现在，已经没有围屋了。 （　　）

七、根据课文内容回答下列问题

1. 为什么说围屋是个独立的世界？
2. 我和小伙伴常在围屋里玩什么游戏？
3. 我们迷路后，大人很生气吗？
4. 大婶和补锅的师傅为什么碰了好几次面？
5. 两人为什么吵架？
6. 你怎么理解围屋的防御功能？
7. 你觉得围屋的设计是既科学又实用的吗？为什么？

8．"客家人走向了更宽广的世界"，你能举例说出几个国家吗？

9．如果让你在客家的村子里住，你想设计什么样的房子？可以作出设计图。

10．画一画你家里住的房子，然后给大家讲一讲。

八、写作

请写一封 E-mail 向你的朋友介绍围屋，也可以配插图。

第九课

民族风情

课前热身

1. 你知道图片上的湖是什么湖吗？它有什么特殊的吗？
2. 你觉得女儿国是一个什么样的地方呢？

开心词典

载[1]　　　zài　　　　　　　动词

　　例：载客　载货　装载

漂浮[2]　　piāofú　　　　　　动词

　　例：空中漂浮　漂浮在河面上

　　　　水面上漂浮着几只小船。

　　【反】沉没　chénmò

悠然[3]　　yōurán　　　　　　形容词

　　例：悠然自得　悠然神往　十分悠然　神情悠然

独特[4]　　　　dútè　　　　　　　形容词

例：样式独特　风格独特　独特的个性　独特的眼光

她冬天穿短裙，很独特。

【反】平常　píngcháng

祖辈[5]　　　　zǔbèi　　　　　　　名词

例：祖祖辈辈

从他的祖辈起，就住在这个楼里。

奉行[6]　　　　fèngxíng　　　　　　动词

例：严格奉行　奉行……规定/政策

中国奉行独立自主的外交政策。

伴侣[7]　　　　bànlǚ　　　　　　　名词

例：终身伴侣　理想的伴侣

一个人要珍惜自己的伴侣。

单一[8]　　　　dānyī　　　　　　　形容词

例：单一经济　单一品种　方法单一　产品单一

商品种类单一，没什么可选的。

【反】多样　duōyàng

俊朗[9]　　　　jùnlǎng　　　　　　形容词

例：非常俊朗　俊朗的小伙子　长得很俊朗

他是个俊朗聪明的年轻人。

横跨[10]　　　　héngkuà　　　　　　动词

例：横跨两岸

一座漂亮的大桥横跨长江。

便捷[11]　　　　biànjié　　　　　　形容词

例：非常便捷　便捷的方法

比较起来，这种方法最为便捷。

绝无仅有[12]　　juéwú-jǐnyǒu

例：这种奇事是绝无仅有的。

奇葩[13]　　　　qípā　　　　　　　名词

例：作为诗人，李白是中国文学史上的一朵奇葩。

掌控[14]　　　zhǎngkòng　　　　　动词

例：积极掌控　掌控局面
公司的人事任免权掌控在总经理手中。

【反】失控　shīkòng

例：事情已经失控了。

缴[15]　　　jiǎo　　　　　　　　动词

例：缴水电费　缴纳
停车要缴费的。

充满[16]　　　chōngmǎn　　　　　动词

例：充满感情　充满阳光　充满厌恶
她心里充满了感激。

向往[17]　　　xiàngwǎng　　　　　动词

例：一心向往　深情向往　向往明天
他向往国外的生活。
孩子们向往着美好的未来。

憧憬[18]　　　chōngjǐng　　　　　动词

例：憧憬未来　甜蜜地憧憬
这对恋人憧憬着幸福的明天。

勇敢[19]　　　yǒnggǎn　　　　　　形容词

例：机智勇敢　勇敢作战

【反】胆小　dǎnxiǎo

诚实[20]　　　chéng·shí　　　　　形容词

例：十分诚实　诚实的孩子
他是个诚实的人，从来不说假话。

形影不离[21]　　　xíngyǐng-bùlí

例：他俩是最好的朋友，天天形影不离。

炫耀[22]　　　xuànyào　　　　　　动词

例：炫耀钱财　炫耀技能　不停地炫耀　见人就炫耀

他喜欢炫耀自己的飞机模型。

刻[23]　　　　kè　　　　　　　动词

　　例：刻字　刻下来　用刀子刻　使劲儿刻

　　　　不要把字刻到书桌上。

和平[24]　　　hépíng　　　　　名词

　　例：爱好和平　保卫世界和平

　　　　人类需要和平，不需要战争。

课文

女儿国——美丽的泸沽湖

　　看吧，那远方漂来的小船，载[1]着阿妹，向你招手歌唱："呵，朋友，来了就莫走，阿妹陪你到月落西山头。"这里，就是素有"高原 *míng zhū* 明 珠"之称的泸沽 *hú* 湖，位于云 南丽 江（*Yúnnán Lì jiāng*）。

　　泸沽湖不仅水清，而且岛（*dǎo*）美。岛在湖中散布，远看像一只只绿色的船漂浮[2]在水面。湖畔（*pàn*），田地相连，人们日出而作，日落而息，阿哥阿妹，结伴相随，好一幅悠然[3]的田 园（*tiányuán*）风光！

　　泸沽湖畔居住的主要为摩 梭 族（*Mósuō zú*），他们的婚俗（*hūn sú*）很独特[4]。每家的主人都是女性，因为摩梭族是母系（*mǔ xì*）血统。比如：家庭成员中，祖辈[5]只有外祖母及其兄弟姐妹，母辈只有母亲、舅舅和姨母，孩子跟着妈妈在这个大家庭里成长。爸爸呢？在他自己家。摩梭人奉行[6]"男

★有……之称

昆明有"春城"之称。

★日出而作，日落而息：太阳出来时干活，太阳落山就休息，形容农民早出晚归。

★主要

我们在中国主要学中文。

★摩梭族：中国的一个少数民族。

不娶，女不嫁"的"走婚"习俗。晚上，男方到女方家里居住，第二天早上回到自己家。

　　有些人误以为摩梭人的走婚男女之间很随便，其实绝非如此。相反，摩梭人的青年男女自由恋爱，生活伴侣[7]单一[8]。

　　有走婚关系的男女彼此称"阿肖"，阿龙和美珠就是这样的一对儿。他们两个从小认识，阿龙身材高大，聪明俊朗[9]，美珠早就被他吸引了。虽然阿龙家并不富有，但是，美珠还是一心一意地爱着他。钱算什么呢？关键是感情。

　　晚上，阿龙会从自己的村寨(cūnzhài)出发，踏上长长的木桥，悄悄地来到美珠家，和她约会。天一亮，阿龙就会踏上回家的路。

　　这座木桥就在泸沽湖畔。它横跨[10]草海，连接两岸村落，长 300 余米，为"走婚"的"阿肖"提供了便捷[11]的通道(tōngdào)，被称为"天下第一鹊桥(quèqiáo)"。

　　摩梭人的走婚，是世界种种婚俗中，绝无仅有[12]的一朵奇葩[13]。

　　泸沽湖也是世界上唯一的女儿国，女人掌控[14]一个家庭的事情。男人每天工作，然后把赚回来的钱上缴[15]给家里最年长的女性。

　　宁静、美丽、神秘的泸沽湖，此刻，是否让你充满[16]了向往[17]和憧憬[18]？

★ 误以为……，其实……

　　妈妈误以为花瓶是弟弟碰碎的，其实是妹妹。

★相反

　　他们不追求金钱，相反，追求爱情。

★阿肖：摩梭族情人之间的称呼。

★为……提供了……

　　学校为我们提供了奖学金。

★鹊桥：传说中喜鹊为牛郎与织女相会搭起的桥。

阅读课文

马头琴的故事

很久以前， 蒙 古草原上住着一个勤劳勇敢[19]、诚实[20]善良的放羊娃，名叫苏和。

一天傍晚，苏和在路边看到一匹刚生下来的小白马，觉得它很可怜，就把它抱回了家。

日子一天天过去，小白马渐渐长大了。苏和非常爱它，天天骑着它在草原上奔驰。他和小白马成了最好的朋友，形影不离[21]。

草原上的王爷要举行赛马会，四面八方的人都去参加。苏和也带着白马来了。谁知小白马竟然得了第一名。

王爷想出钱买下小白马，苏和不卖。

王爷一听很生气，把苏和揍了一顿，把他赶走了。

王爷抢了苏和的小白马，就想在别人面前炫耀[22]。第二天，王爷请了许多客人，他对大家说："我刚得了匹小白马，跑起来像一道闪电。你们好好瞧着！"

说完，他骑上了小白马，可是小白马一动也不动。王爷生气了，举起鞭子就打。谁知小白马猛地一跳，把王爷摔了个四脚朝天，然后撒开腿就跑了。

"捉住它，捉住它！"王爷从地上爬起来，大声喊着。可谁也追不上小白马，王爷接着喊："别让它跑了，用箭射死它！"

几十支箭向小白马射去。小白马被箭射中了，血

★很久以前：常常放在故事的开头使用。

★赛马：蒙古族的一项传统运动。

★谁知
谁知他竟然得了冠军。

★……中
击中敌机
打中目标

117

★一个劲儿

他一个劲儿地说个不停。

★"这样"：指示代词。

★来历：人或事物的历史或背景。

不断地流出来。可是小白马忍着痛，一个劲儿地向前跑，一直跑到苏和家。

小白马倒在苏和身边，再也没有起来。

苏和无比伤心，不停地说着："小白马回来！小白马回来！"晚上做梦，梦见小白马说："你拿我身上的东西做一把琴吧！这样，我们就可以永远在一起了。"

醒来后，苏和含着眼泪用小白马的骨头做了一把琴，琴杆顶上刻²³了个马头。

这就是马头琴的来历（lái lì）。

从此，苏和天天拉琴，拉了许多好听的曲子，远远听起来，就像小白马在唱歌。

其他的牧民听到这优美的曲子，都学着苏和，用木头做了许多马头琴，他们一边放牧一边拉马头琴。就这样，马头琴传遍了整个草原。

（根据网络文章改写，作者佚名）

会话课文

西藏之行

（王佳丽从西藏（Xī zàng）旅游回来，和爸爸王大唐的对话）

爸爸：佳丽，能和爸爸聊聊你的西藏之行吗？

王佳丽：＿＿＿＿＿＿＿＿＿

爸爸：到西藏后，去的第一个景点（jǐngdiǎn）是哪里？

王佳丽：最先去看的是布达拉宫（Bù dá lā gōng）。那个宫殿（gōngdiàn）非常雄伟，是唐朝（Tángcháo）的时候修建的。唐朝的文成公主嫁到了西藏，就住在那里。

爸爸：哦，这就是中国历史上的"和亲"。公主嫁到那里后，就表示大

家都是一家人，以后就和睦相处（hé mù xiāng chǔ），不再打仗了。

王佳丽：真的吗？

爸爸：可以保持一段时间的和平[24]（wèi bì），但是，未必能长久。

王佳丽：不过，公主能嫁到那么偏远的地方去，真是让人佩服啊。

爸爸：这些不是公主能决定的，＿＿＿＿＿＿＿＿＿＿＿＿＿＿＿。公主

去了西藏后，当地按照她的愿望修建了有名的大昭寺（Dà zhāo sì）。你去

了吗？

王佳丽：去了。有个喇嘛说"不去大昭寺，就没有到拉萨（Lā sà）"。听了这话，

当然要去。在大昭寺门前的青石地板上，有很深的印痕（yìn hén）。导游（dǎo yóu）

说，这些都是虔诚（qián chéng）的信徒（xìn tú）做等身长头留下的。

爸爸：是的，我知道等身长头，就是身体趴到地上的叩拜（kòu bài）。藏族人对宗

教是非常虔诚的。

王佳丽：对这点我深有感触（gǎn chù）。在路上我们亲眼看到了那些虔诚的信徒。

据导游说，这些人从家里出发就开始一步一叩头，一路坚持到寺

庙。这些藏族人真的和我原来认识的中国人很不一样。

爸爸：不奇怪呀，不同的民族有不同的特点。中国是一个多民族的国

家，主要的民族就有五十六个，实际上，所有的少数民族加起来

超过一百个呢！

王佳丽：这么多呀！

爸爸：所以，你应该去不同的地方看看不同的民族。

王佳丽：＿＿＿＿＿＿＿＿＿＿＿＿＿＿＿＿＿＿＿。

爸爸：明年暑假爸爸陪你去新疆（Xīnjiāng），好吗？

王佳丽：＿＿＿＿＿＿＿＿＿＿＿＿＿＿＿＿＿＿＿。

看下面的句子，可以填在上文哪个合适的地方？

1．听你的。

2．皇帝怎么说公主就得怎么做

3．可以，举双手赞成！

4．好啊！

能说会用

功能：服从

行、可以、好吧

例：行，就这么决定吧。

听你的

例：你的建议很好啊，听你的！

就照你说的做吧

例：我也觉得跟着旅行团比较安心，就照你说的做吧，报名参加旅行团。

他怎么说，我就怎么做

例：我非常信任爸爸，他怎么说，我就怎么做。

你拿主意吧

例：假期去哪里旅游？我没有想法，你拿主意吧。

☞请使用表示"服从"的语言功能项目，进行下面的讨论。

问题：（1）我们去海边度假，可以吗？

（2）我带上弟弟一起去度假，可以吗？

（3）我们一起去看场电影，可以吗？

（4）我们去海边烧烤，怎么样？

你知道吗

　　走婚是摩梭人的一种婚姻方式。摩梭人是母系社会，白天，男女很少单独相处，只在聚会上以舞蹈、歌唱的方式对意中人表达心意。男子若是喜欢女子，白天约好后，会在半夜的时候到女子的"花楼"（摩梭成年女性的房间）。但不能从正门进入花楼，要爬窗户，再把帽子之类的物品挂在门外，表示两人正在约会。天亮以前，男人就必须离开。由于母系社会中女性当家，因此生下的小孩儿由妈妈来养，生父会在满月时公开举办宴席，承认彼此的血缘关系。

经典诵读

Yǎo tiǎo shū nǚ　　jūn zǐ hǎo qiú
窈　窕　淑　女，君　子　好　逑。

——《诗经·关雎》

练习

一、请在括号里填上合适的词语

漂浮（　　　　）　　悠然（　　　　　）　　充满（　　　　　）

横跨（　　　　）　　缴　（　　　　　）　　掌控（　　　　　）

向往（　　　　）　　憧憬（　　　　　）　　炫耀（　　　　　）

（　　　　）独特　　（　　　　　）伴侣　　（　　　　　）奉行

（　　　　）便捷　　（　　　　　）单一　　（　　　　　）和平

二、写出下列词语的近义词和反义词

1. 写出近义词

悠然＿＿＿＿　　　　伴侣＿＿＿＿　　　　俊朗＿＿＿＿

便捷_____　　　　勇敢_____　　　　诚实_____

2. 写出反义词

独特_____　　　　和平_____　　　　勇敢_____

单一_____　　　　诚实_____　　　　和睦_____

三、把下列词语按正确的顺序排成句子

1. 游客　很多　大巴车　载了　辆　这　外国　的

_____

2. 漂浮　灰尘　空中　着　细小　很多　的

_____

3. 生活　农村人　非常　悠然　的　和　城市人　相比

_____

4. 衣服　她　很　独特　样式　的　总是

_____

5. 年轻人　有些　独身主义　奉行　现在

_____

6. 找到　伴侣　理想　他　希望　能　的

_____

7. 生活　的　单一　不喜欢　年轻人　大部分

_____

8. 掌控　强者　能够　命运　自己　往往　的

_____

9. 奇事　绝无仅有　是　的　像　这样

_____

10. 都　人们　和平　生活　向往　的　世界上　的

_____

四、我的词语故事

分成几个小组，每个小组从"开心词典"里面任选 5～10 个词，利用这

些词语讲故事。

五、使用括号里面的词语模仿造句

1. 他们是形影不离的好朋友。（形影不离）

_____

2. 小姑娘的眼睛里充满了泪水。（充满）

_____

3. 勇敢是一种优秀的品质。（勇敢）

_____

4. 她常常向我们炫耀新衣服。（炫耀）

_____

5. 台湾有"水果天堂"之称。（……之称）

_____

6. 主要是她不想去散步。（主要）

_____

7. 那位老师一点儿也不严厉，相反，他很亲切。（相反）

_____

8. 原来计划好去游泳的，谁知，竟然下雨了。（谁知）

_____

9. 他一个劲儿地道歉。（一个劲儿）

_____

10. 这家餐馆的菜有点儿贵，不过很好吃。（不过）

_____

六、根据课文内容判断下列句子对错

1. 泸沽湖被称为"高原明珠"。　　　　　　　　　（　　）
2. 泸沽湖位于湖南。　　　　　　　　　　　　　（　　）
3. 泸沽湖里有许多小岛。　　　　　　　　　　　（　　）
4. 泸沽湖周围只有摩梭人居住。　　　　　　　　（　　）

5. 摩梭族的婚姻是走婚。　　　　　　　　　　　（　　）

6. 摩梭族的姑娘都不出嫁。　　　　　　　　　　（　　）

7. "阿肖" 就是情侣。　　　　　　　　　　　　　（　　）

8. 云南有 "天下第一鹊桥"。　　　　　　　　　　（　　）

9. 摩梭族都是女人管理家庭。　　　　　　　　　　（　　）

10. 摩梭族男女的恋爱很随便。　　　　　　　　　　（　　）

七、根据课文内容回答下列问题

1. 为什么说泸沽湖畔是一副悠然的田园风光？

2. 摩梭族是母系血统，你认为这种家庭有什么特点？

3. 摩梭族的孩子不和父亲生活在一起吗？

4. 什么是走婚？

5. 说说你对 "鹊桥" 的了解。

6. 走婚和你们国家的婚姻有什么不同？请列出表格，说一说。

7. 讨论：走婚这种婚姻方式好吗？为什么？

8. 苏和是怎样遇到小白马的？

9. 苏和为什么要用小白马的骨头做琴？

10. 牧民的马头琴是用什么做的？为什么？

八、写作

你一定去过很多地方旅游，请选一个你喜欢的地点，写篇简短的文章，介绍那里的风景。

生词表

第一课

德林	Délín	少量	shǎoliàng
捧	pěng	属于	shǔyú
现代汉语词典	Xiàndài Hànyǔ Cídiǎn	冰冷	bīnglěng
兴冲冲	xìngchōngchōng	坚硬	jiānyìng
交换	jiāohuàn	火热	huǒrè
看法	kàn·fǎ	柔软	róuruǎn
心理	xīnlǐ	生命	shēngmìng
有关	yǒuguān	对立	duìlì
金属	jīnshǔ	沉默	chénmò
教导	jiàodǎo	片刻	piànkè
感情	gǎnqíng	启发	qǐfā
拆	chāi	创建	chuàngjiàn
谨慎	jǐnshèn	演变	yǎnbiàn
解放	jiěfàng	甲骨文	jiǎgǔwén
松懈	sōngxiè	金文	jīnwén
惊异	jīngyì	小篆	xiǎozhuàn
降低	jiàngdī	繁体字	fántǐzì
门道	mén·dao	简体字	jiǎntǐzì
严肃	yánsù	品德	pǐndé
郑重	zhèngzhòng	田纳西	Tiánnàxī
戋	jiān	春联	chūnlián
组合	zǔhé	天津	Tiānjīn
细微	xìwēi	举办	jǔbàn

颁奖	bān//jiǎng	杂乱	záluàn
典礼	diǎnlǐ	摆放	bǎifàng
刺激	cìjī	支持	zhīchí
除去	chúqù	笨重	bènzhòng
修改	xiūgǎi	学问	xué·wen
维护	wéihù	发明	fāmíng
辅导	fǔdǎo	快捷	kuàijié
维持	wéichí	广泛	guǎngfàn
积蓄	jīxù	智慧	zhìhuì
租金	zūjīn	使得	shǐ·de

第二课

井	jǐng	自身	zìshēn
疲倦	píjuàn	思考	sīkǎo
瞪	dèng	人生	rénshēng
居住	jūzhù	作战	zuòzhàn
形容	xíngróng	塞翁失马	Sàiwēngshīmǎ
见识	jiàn·shi	焉知非福	yānzhīfēifú
各种各样	gèzhǒng-gèyàng	作战	zuòzhàn
反映	fǎnyìng	后退	hòutuì
固执	gù·zhi	资格	zīgé
刻舟求剑	kèzhōu-qiújiàn	讥笑	jīxiào
卖弄	mài·nong	性质	xìngzhì
砸	zá	程度	chéngdù
画蛇添足	huàshé-tiānzú	深厚	shēnhòu
精卫填海	Jīngwèitiánhǎi	反问	fǎnwèn
愚公移山	Yúgōngyíshān	固定	gùdìng
夸父逐日	Kuāfùzhúrì	具有	jùyǒu
移	yí	特定	tèdìng

生动	shēngdòng	猪八戒	Zhūbājiè
字面	zìmiàn	照	zhào
隐藏	yǐncáng	面	miàn
背后	bèihòu	碎	suì
权势	quánshì	当作	dàngzuò
胆子	dǎn·zi	比喻	bǐyù
劝告	quàngào	谜语	míyǔ
强烈	qiángliè	谜面	mímiàn
色彩	sècǎi	重点	zhòngdiǎn
正式	zhèngshì	孙悟空	Sūnwùkōng
贬义	biǎnyì	妖怪	yāoguài
分清	fēnqīng	作弊	zuò//bì
对象	duìxiàng	长期	chángqī
特有	tèyǒu	积累	jīlěi
现象	xiànxiàng		

第三课

索菲娅·潘	Suǒfēiyà·Pān	其中	qízhōng
题目	tímù	番	fān
一半	yībàn	虚伪	xūwěi
最初	zuìchū	着想	zhuóxiǎng
说法	shuō·fǎ	为难	wéinán
伯母	bómǔ	做法	zuò·fǎ
类似	lèisì	的确	díquè
自豪	zìháo	返回	fǎnhuí
同样	tóngyàng	万万	wànwàn
欧洲	Ōuzhōu	尴尬	gāngà
外貌	wàimào	正常	zhèngcháng
内在	nèizài	礼貌	lǐmào

可笑	kěxiào	法兰西	Fǎlánxī
烦恼	fánnǎo	养分	yǎngfèn
骄傲	jiāo'ào	接受	jiēshòu
巴黎	Bālí	熏陶	xūntáo
糟糕	zāogāo	废话	fèihuà
清晨	qīngchén	工夫	gōng·fu
进发	jìnfā	转机	zhuǎnjī
沿	yán	杜甫	Dù Fǔ
脚步	jiǎobù	成都	Chéngdū
回荡	huídàng	杜甫草堂	Dù Fǔ cǎotáng
爷们	yé·men	印象	yìnxiàng
路程	lùchéng	热烈	rèliè
武松	Wǔ Sōng	掌声	zhǎngshēng
诸葛亮	Zhūgě Liàng	平时	píngshí
神往	shénwǎng	粤语	yuèyǔ
不知不觉	bùzhī-bùjué	后悔	hòuhuǐ
私心	sīxīn	后来居上	hòulái-jūshàng
吸收	xīshōu	过奖	guòjiǎng

第四课

鲁迅	Lǔ Xùn	厦门大学	Xiàméndàxué
文笔	wénbǐ	任教	rèn//jiào
犀利	xīlì	路过	lùguò
以来	yǐlái	随意	suíyì
脑海	nǎohǎi	衣着	yīzhuó
形象	xíngxiàng	寒酸	hánsuān
须	xū	褪色	tuì//sè
表情	biǎoqíng	乱蓬蓬	luànpéngpéng
风趣	fēngqù	竟	jìng

随手	suíshǒu	疯	fēng
塞	sāi	闲聊	xiánliáo
一时	yīshí	抽筋	chōu//jīn
立即	lìjí	情感	qínggǎn
整整	zhěngzhěng	政治	zhèngzhì
惊讶	jīngyà	即将	jíjiāng
掏	tāo	崩溃	bēngkuì
胡乱	húluàn	推	tuī
自然	zìrán	冲	chòng
羞	xiū	凡	fán
势利	shì·li	用处	yòngchù
发脾气	fā pí·qi	吻	wěn
若有所悟	ruòyǒusuǒwù	故意	gùyì
癖	pǐ	逗	dòu
话筒	huàtǒng	笑话	xiào·hua
犹豫	yóuyù	闹	nào
邮递员	yóudìyuán	具体	jùtǐ
物业	wùyè	傻乎乎	shǎhūhū
留言	liúyán	注视	zhùshì
以内	yǐnèi	车辆	chēliàng
至	zhì	大胆	dàdǎn

第五课

展	zhǎn	兴致勃勃	xìngzhì-bóbó
范儿	fànr	史密斯	Shǐmìsī
楷书	kǎishū	现场	xiànchǎng
工整	gōngzhěng	赠送	zèngsòng
行书	xíngshū	请求	qǐngqiú
潇洒	xiāosǎ	曰	yuē

可口可乐	Kěkǒukělè	完美	wánměi
经理	jīnglǐ	象征	xiàngzhēng
玩意儿	wányìr	富贵	fùguì
无法	wúfǎ	品位	pǐnwèi
恶意	èyì	完整	wánzhěng
扫兴	sǎo//xìng	真心	zhēnxīn
胸怀	xiōnghuái	当初	dāngchū
正当	zhèngdāng	好意	hǎoyì
犹豫不决	yóuyù-bùjué	出丑	chū//chǒu
顿时	dùnshí	边缘	biānyuán
圣人	shèngrén	想象	xiǎngxiàng
巧妙	qiǎomiào	误会	wùhuì
突出	tūchū	囧	jiǒng
心目	xīnmù	简历	jiǎnlì
崇高	chónggāo	招聘	zhāopìn
地位	dìwèi	兼职	jiānzhí
文明	wénmíng	打印	dǎyìn
化解	huàjiě	相亲	xiāng//qīn
场面	chǎngmiàn	不可思议	bùkě-sīyì
绝妙之至	juémiàozhīzhì	婚姻	hūnyīn
陷入	xiànrù	参与	cānyù
难堪	nánkān	本身	běnshēn
师长	shīzhǎng	现实	xiànshí
牡丹	mǔ·dan	排斥	páichì
花瓣	huābàn	国情	guóqíng
细致	xìzhì	体验	tǐyàn

第六课

水镜先生	Shuǐjìngxiān·sheng	绝食	jué//shí
入迷	rù//mí	告示	gào·shi
厌烦	yànfán	自首	zìshǒu
缝	féng	犯	fàn
口袋	kǒu·dai	不要紧	bùyàojǐn
撒	sǎ	承认	chéngrèn
捉弄	zhuōnòng	谢罪	xiè//zuì
讲情	jiǎng//qíng	轰动	hōngdòng
饶	ráo	投	tóu
过人	guòrén	关注	guānzhù
暗暗	àn'àn	进展	jìnzhǎn
察访	cháfǎng	感化	gǎnhuà
割	gē	自尊	zìzūn
铺	pū	充分	chōngfèn
焐	wù	从而	cóng'ér
求教	qiújiào	迷途	mítú
才学	cáixué	池塘	chítáng
照样	zhàoyàng	周公	Zhōugōng
成才	chéngcái	头悬梁	tóuxuánliáng
带路	dài//lù	锥刺股	zhuīcìgǔ
亲自	qīnzì	孙敬	Sūn Jìng
夏丏尊	Xià Miǎnzūn	苏秦	Sū Qín
补充	bǔchōng	嚼	jiáo
告	gào	酷爱	kù'ài
怀疑	huáiyí	墨汁	mòzhī
搜查	sōuchá	来访	láifǎng
称职	chènzhí	黄侃	Huáng Kǎn
同事	tóngshì	牛顿	Niúdùn

掀	xiān	刻苦	kèkǔ
逸事	yìshì	否则	fǒuzé
勤奋	qínfèn	成就	chéngjiù

第七课

太空	tàikōng	埃德·刘	Āidé·Liú
人造	rénzào	赞同	zàntóng
建筑	jiànzhù	借助	jièzhù
长久	chángjiǔ	望远镜	wàngyuǎnjìng
争论	zhēnglùn	金字塔	Jīnzìtǎ
宇航局	yǔhángjú	似乎	sìhū
卫星	wèixīng	疑问	yíwèn
显示	xiǎnshì	不容置疑	bùróng-zhìyí
轮廓	lúnkuò	奇迹	qíjì
杨利伟	Yáng Lìwěi	位于	wèiyú
地球	dìqiú	甘肃	Gānsù
围绕	wéirào	嘉峪关	Jiāyùguān
话题	huàtí	明代	Míngdài
再度	zàidù	交通	jiāotōng
澄清	chéngqīng	要塞	yàosài
高度	gāodù	保存	bǎocún
尤金·赛尔南	Yóujīn·Sàiěrnán	美誉	měiyù
肉眼	ròuyǎn	流传至今	liúchuánzhìjīn
分析	fēnxī	开凿	kāizáo
窄	zhǎi	耗费	hàofèi
可想而知	kěxiǎng'érzhī	手帕	shǒupà
山脊	shānjǐ	延误	yánwù
晴朗	qínglǎng	勤劳	qínláo
宽度	kuāndù	实践	shíjiàn

经验	jīngyàn	相关	xiāngguān
雄伟	xióngwěi	姿态	zītài
辉煌	huīhuáng	进攻	jìngōng

第八课

客家	Kèjiā	先人	xiānrén
民居	mínjū	才华	cáihuá
样式	yàngshì	高超	gāochāo
乘凉	chéng//liáng	技艺	jìyì
防旱	fánghàn	宽广	kuānguǎng
作用	zuòyòng	景观	jǐngguān
捉迷藏	zhuōmícáng	宁波	Níngbō
稍微	shāowēi	了不起	liǎo·buqǐ
好笑	hǎoxiào	华夏	Huáxià
交错	jiāocuò	传播	chuánbō
巷道	hàngdào	焚烧	fénshāo
转悠	zhuàn·you	幸运	xìngyùn
无意	wúyì	范钦	Fàn Qīn
碰	pèng	遗产	yíchǎn
面	miàn	挑选	tiāoxuǎn
惹	rě	范大冲	Fàn Dàchōng
恼火	nǎohuǒ	接力	jiēlì
实际上	shíjì·shàng	严格	yángé
责怪	zéguài	钱绣芸	Qián Xiùyún
关键	guānjiàn	郁闷	yùmèn
曲折	qūzhé	沉思	chénsī
回环	huíhuán	学者	xuézhě
相遇	xiāngyù	黄宗羲	Huáng Zōngxī
防御	fángyù	开放	kāifàng

仍然	réngrán	孔庙	Kǒngmiào
乾隆	Qiánlóng	祭祀	jìsì
四库全书	Sìkù Quánshū	孔林	Kǒnglín
名声	míngshēng	泰山	Tàishān
曲阜	Qūfù	华山	Huàshān
泰安	Tài'ān	恒山	Héngshān
孔府	Kǒngfǔ	嵩山	Sōngshān
后裔	hòuyì	衡山	Héngshān

第九课

		俊朗	jùnlǎng
载	zài	村寨	cūnzhài
明珠	míngzhū	横跨	héngkuà
泸沽湖	Lúgūhú	便捷	biànjié
云南	Yúnán	通道	tōngdào
丽江	Lìjiāng	鹊桥	quèqiáo
岛	dǎo	绝无仅有	juéwú – jǐnyǒu
漂浮	piāofú	奇葩	qípā
畔	pàn	掌控	zhǎngkòng
悠然	yōurán	缴	jiǎo
田园	tiányuán	充满	chōngmǎn
摩梭族	Mósuōzú	向往	xiàngwǎng
婚俗	hūnsú	憧憬	chōngjǐng
独特	dútè	蒙古	Ménggǔ
母系	mǔxì	勇敢	yǒnggǎn
祖辈	zǔbèi	诚实	chéng · shí
奉行	fèngxíng	苏和	Sū Hé
伴侣	bànlǚ	形影不离	xíngyǐng-bùlí
单一	dānyī	赛马	sàimǎ

四面八方	sìmiàn-bāfāng	未必	wèibì
炫耀	xuànyào	大昭寺	Dàzhāosì
刻	kè	拉萨	Lāsà
来历	láilì	印痕	yìnhén
西藏	Xīzàng	导游	dǎoyóu
景点	jǐngdiǎn	虔诚	qiánchéng
布达拉宫	Bùdálāgōng	信徒	xìntú
宫殿	gōngdiàn	叩拜	kòubài
唐朝	Tángcháo	感触	gǎnchù
和睦相处	hémùxiāngchǔ	新疆	Xīnjiāng
和平	hépíng		